《跟大师 学投资》丛书

大涨的信号

（日）林则行 / 著
李佳蓉 / 译

SPM
南方出版传媒
广东经济出版社
·广州·

图书在版编目（CIP）数据

大涨的信号 /（日）林则行著；李佳蓉译 . -- 广州：广东经济出版社，2020. 8（2022. 9 重印）
ISBN 978-7-5454-7267-7

Ⅰ. ①大… Ⅱ. ①林… ②李… Ⅲ. ①股票投资—基本知识 Ⅳ. ① F830. 91

中国版本图书馆 CIP 数据核字（2020）第 110021 号

责任编辑：陈念庄　李　璐
责任校对：林晓珊
责任技编：陆俊帆

大涨的信号
DAZHANG DE XINHAO
出 版 人：刘卫平
出版发行：广东经济出版社（广州市水荫路 11 号 11 ～ 12 楼）
印　　刷：广东鹏腾宇文化创新有限公司
（珠海市高新区科技九路 88 号 10 栋）

开　　本：730 毫米 ×1020 毫米　1/16　　印　　张：16
版　　次：2020 年 8 月第 1 版　　印　　次：2022 年 9 月第 2 次
书　　号：ISBN 978-7-5454-7267-7　　字　　数：189 千字
定　　价：66.00 元

发行电话：（020）87393830
如发现印装质量问题，请与本社联系，本社负责调换

4步骤看见大涨信号、马上

STEP 1

用 K 线图找出
股价创新的股票

股价创近年新高
才会成为人气股

股价必须从底部反弹
六成以上，别碰股价
太便宜的股票

STEP 2

一道公式算出大盘
是否处于上升行情

股价创新高价的个股数
量占整体大盘 2% 以上

股价创新高个股数量比公式：

$$\frac{\text{过去一年股价创新高个股数量}}{\text{大盘所有股票数量}}$$

知道能否进场！

STEP 3

看三个获利数字，
飙股立刻现身

过去 5~10 年，利润增长率 7% 以上，持续稳定增长

最近一季利润增长率
要超过 20%
这个数字对股价影响最大

未来盈利能力可持续
公司成长的理由必须不可动摇，要排除因景气或币值等理由造成的利润增长

STEP 4

三种情况，
立刻卖股！

股价跌幅超过 8%，
立刻止损

公司近期利润增长率不到 20%，或爆发有损信誉的坏消息

以上两种都是紧急处置，最重要的是利用卖压比例找出中长期高点，获利了结

$$卖压比例 = \frac{卖出股数的总和}{买进股数的总和}$$

目录

第二章

大涨的信号，K 线天天暗示你 023

第三章

接着基本面三步——飙股现身 083

第四章

附　录

投资有此好方法，入宝山怎会空手回！

纵横股市超过25年的专业操盘手／廖继弘

投资股票的人，不管你是从基本面或技术面选股，无不希望能找到或建立一个简单又有效的选股获利公式。在《大涨的信号》这本书中，作者林先生综合了罗杰斯等投资大师的投资技巧及自身投资成功的经验，归纳出一个简单有效的制胜公式，无私地分享给读者，相信看完本书，大家都会觉得物超所值。

选股有“由上而下”及“由下而上”两种方法，本书偏向由下而上，由于总体经济变化较难掌握，林则行建议投资人不必在意总体经济、资金情势等信息，完全专注于选股操作，留意股价创新高的个股及与获利相关的投资信息即可。通常股价创新高的个股，代表基本面有很大的变化（如目前及未来获利大幅成长），就创新高的个股，观察一些获利指标，如符合筛选标准就买进；在个人实战操作上，选股如此兼具技术面和基本面都强势的个股，能大大地提高胜算。

就顺势操作的角度而言，在多头市场，选股获利的机会明显高于空头市场，但在不理会总体经济数据的前提下，投资人要如何去掌握股市的多头趋势呢？本书作者也提出一个简单的判别方法，就是创新高个股的数量：股市强劲上涨时，创新高个股的家数必然很多；股市整理时，创新高的个股减少；股市大幅下跌时，创新高的个股可能只是凤毛麟角。投资者可以此研判股市的多空方向和投资的胜率。

本人进入证券市场工作初期，曾听一位前辈说，股价创新高需有革命般的热情，具有较大的上涨潜力，这句话至今记忆犹新；本书的内容虽以日股为例，但投资原则放诸四海而皆准，在二十多年台股历史中，随着产业趋势波动与荣枯，每段时间就会出现新股王，可说江山代有“好股”出，而这些不断创新高的龙头股，大都是当时的明星产业，且都伴随着获利大幅成长，很符合作者的选股标准。即便近两年台股陷入箱型震荡走势，也有相当多股价创新高、业绩大幅成长的传产股（如自行车、连锁便利店、汽车相关、成衣、隐形眼镜等），投资者若以此方法选股，通常都有丰硕的投资回报。

短短序文很难表现本书精华之万一，本人很认同本书作者的一些投资原则和方法，如当个股出现我们设定的选股标准后，就要勇于买进持有，赚取较大的波段利润，当个股出现卖出信号时，就要果断卖出，机械化地操作；投资要成功，最重要的是停损，千万不要摊平等，这些都是很重要的原则。诚如本书作者所说，买股票是最有效率的赚钱术，投资的能力跟智商无关，只要你有好方法，就不会入宝山而空手回。

本书提供了选股的胜利方程式，但所有成功方法的基本原则，需辅以投资信念及纪律，投资的朋友只要熟读此书，好好运用本书作者的投资原则和方法，按表操作，不断地检讨及改进，相信必能成为股市赢家。

本文作者廖继弘，统一国际开发公司金融投资部副总经理、《Smart智富》月刊、《工商时报》专栏作家，被奉为台股技术分析大师。著有《廖继弘教你技术指标选对赚钱股》《我的技术线型会转弯》。

推荐序

轻松看懂股市涨跌的道理

聚财网专栏作家 / 罗威

我是一个股票投资者，也是从事股市技术分析写作的作者。从开始进入股市到现在，二十余年来，我看过两三百本国内外股市的相关书籍、在聚财网写了十几年文章，也将我的文章整理出版过9本书，每一本我都必须自己写序文，也邀请过很多朋友帮我的书写序文，但是给别人的书，尤其是翻译书（本书翻译自日本）写序文，这还是头一遭。

在为《大涨的信号》写序文时，虽然与本书作者林则行先生未曾谋面，但欣闻有一本全球最大主权基金“阿布达比投资局”的传奇基金经理人写作的专书即将付梓出版，还是非常乐于推荐。

不过，真正产生推荐本书的动力是在阅读书稿后，从书中感受到作者无私分享自己在股市多年的实战经验，虽然投资只有一个“买”或“不买”的决定，但是该怎么买，怎样辨别哪种情况可以买，以及最后要怎么卖，这是绝大多数投资者非常苦恼的问题，而本书作者能够将这些情况进行系统的整理，出版成为普罗大众都能轻松上手的投资的书籍，实在难能可贵。

大多数的股市技术书籍都着重在“怎么买？”的问题上，因此造就了不少只会买却不会卖的套牢族，本书最后一章是作者告诉大家必须立刻卖股的三种情况，本人认为这是最重要的章节，熟读本章节可以解决只会买不会卖的问题，以及股价涨高了该如何卖出的问题。熟读此章，相信就算不能在最高点卖出，但也能在适当的位置逃离，规避被套牢的风险。

虽然本书所列举的是日本股市的例子，但是就技术分析而言，只要是有K线图的商品，其实都可以一理通万理通，股市的操作观念和方法都是一样的，决定股价能否飙涨的，不是股价到底有多便宜，而是市场的买气，有人气，股票才会涨，否则就得经过漫长的等待。

我相信看过我股市生命力系列或多周期KD层次关系精装书的投资者，看完本书必定更能深刻体会股市涨跌之间的道理，就算没看过我书籍的朋友，也能够从这本《大涨的信号》中，找出自己的投资之道。

本文作者罗威，本名赖宣名，研究股市二十余年。著有《罗威多周期KD实战分析》《活出股市生命力》《趋势生命力》《型态生命力》《活用股市技术分析》《活用KD技术分析》《转折生命力》《波动生命力》《头部生命力》等书。

前言

信号出现就反应，机械性操作创获利传奇

本书的目的是让散户也能拥有专业投资者的实力。只要读完此书，相信你也会对投资产生坚定的信心。

可能有人会质疑：“有这么简单吗？”

是的，只要套公式，就是这么简单。

我的公式很简单，而且不会让人无所适从，只要你懂得运用，绝对能在行情下跌时避免损失过大，行情上升时又能使资产迅速翻上数倍。

为什么我要把投资方法整理成公式？我发现这么做比较轻松。面对大盘的各种情势变化，若单凭一己之力来判断要买什么个股以及购买时机，需要纳入考量的情报将排山倒海而来，让人在做出决定前，就已精疲力尽、不知所措。但只要代入公式，就可以不必理会细枝末节，专注于重要大事上。

在投资上，真正重要的情报非常稀少，所以集中精力在这些情报上，一定能提高绩效。因此，本书没有其他分析行情的书会有的投资心法。就像一句格言说的：“以为行情已经探底，进场才发现又下跌；以为行情还会继续涨，死抱着不卖才知道早已触顶转跌。”

本书的特色是提供许多图表给读者参考；此外，为了让读者能充

分理解获利公式怎么操作，我也举了很多实例说明。只要记住公式、了解每个章节最后的重点整理，并在实际投资时参照附录操作手册的检核表，就可以万无一失了。

投资是我的专业，所以很快就能看破那种似是而非的论点，但散户可能会因为分辨不出来而受骗，下场就是赔钱。为了帮助散户减少损失，我认为有必要介绍正确的投资方法。

我举个例子。你可能听过老师说："目前行情虽然剧烈震荡，但长期来看现在算是股价低点。"这句话想表达的意思是："虽然我不知道今日进场对不对，但是从两到三年的长期观点来看，现在应该进场。"

缺乏投资经验的人可能觉得这句话很有道理，但在我看来，这很明显是在骗人。想买股票却不知道今天该不该买的人，适合做投资吗？"不知道今天该不该进场"就等于"永远不知道何时该进场"。说出这种话的老师，过了两三年还是会告诉你同样的话。

读完本书，你不仅能知道"今天该不该进场"，也懂得不在行情走低时继续持有股票。

或许有人会问："我们又不是神，总有判断失误的时候吧？"没错，但运用我的获利公式，你马上能判断可能赔钱的概率有多高，也知道该如何应对，并学会在任何情况下，都有信心面对自己的投资决定。

投资获利跟智商无关，靠机械性纪律操作

话说回来，那些能获得高额又稳定收益率的顶尖基金经理人，到底是一群怎样的人呢？我的恩师、上司、朋友及后辈，都身具世界数一数二的投资实力，拥有极高的智商及记忆力，数学又非常好，让我深深觉得这些人"拥有与生俱来的投资天分"。

例如和投资对象的企业主开了一小时的会，他们不必写笔记也能记得所有会议内容；一般人听到“本期的27亿日元获利，将在下一期成长为41亿日元”时，都要拿出计算机来按，才能算出成长率，但他们都能马上心算出“成长52%”这样的答案。

但只要读完本书内容，你不会比这些精英逊色。因为连天生没有投资天分的我，都能成为世界顶尖基金经理人，各位读者当然也能拥有相同实力。

我猜一定有人会说：“哪有可能啊，我看了你的履历，你不是念了投资相关的硕士学位吗？”这样的态度是好的，因为直到自己能接受之前，都秉持着怀疑的态度，这点在判断股市行情时非常重要。

以心算能力来说，跟我的同行（专家中的专家级投资者）相比，就知道大学文科毕业的我，程度真的很一般。相较之下，我那些顶尖同僚从小不是被喻为“神童”，就是“学校创校以来的天才”，他们就算跑去钻研数学或物理，成就想必也是世界顶尖，但以我的天分来说，就算念到博士，那张文凭也追不上他们的天赋。

可能有人会问：“那你为什么可以成为‘专家中的专家级投资者’？这不是骗人吗？”悲观一点的人可能会想：“我不是什么好学校毕业的，我做不到……”怀疑自己能不能学会专家投资方法的人，请务必听我说。

我的获利公式，跟这些大师学的

如果要以天生的资质决胜负，我肯定会输给那群天赋超群的同僚，但如果能学会大师的投资技术，就另当别论了。

头脑好的人大多对自己太过自信，以自己的想法优先，不轻易相信大涨的信号和接受他人的建议。过去我也曾将个人的投资技巧整理成公式，用这些公式与同事竞争固然可以轻松获胜，但要在全世界竞争就没辙了，我这才知道，把世界顶尖投资大师的技巧融会贯通成个人能力，才是制胜的关键。

吉姆·罗杰斯（Jim Rogers）在哥伦比亚大学的课堂上一再强调："投资股票要锁定行情发生巨大转变的时刻。"本书第三章的获利公式就是从他的投资技巧转化而来的；系统交易之父赖利·威廉斯（Larry Williams）非常重视风险管理，第四章的卖股公式即吸取自他的停损哲学；至于我在第二章提出的"创新高价股"概念，其实是威廉·欧尼尔（William J.O'Neil，畅销书《笑傲股市》作者）以及前人对行情的智慧结晶，其中投资界沿用已久的K线图，更是不容忽视。

本书的获利公式全都是我自创的，但严格来说，是我将投资大师们的技巧具体化成操作步骤与买卖信号。这些大师们表面上看起来好像视股市行情及个股状况随机应变，但其实都依循一定的思考模式，他们的分析模式，就是我所整理出来的获利公式。

这么多年来，我也是靠着这个公式做好基金经理人的工作；也就是说，这套获利公式的成效已经获得验证。在第一章，你会看到我从2007年到2010年间，光是这样机械性地来回操作，就获得大幅超越日经平均指数的投资成果。

我的获利公式非常简单但最有成效，若各位读者读完此书，能拥有大师级的获利实力，我就心满意足了。

第一章

新闻、解盘、四季报都太晚，我的方法跑在前端

“从失败中记取教训。”这句话听来很有道理，但真要做到却没那么容易。当年我联考落榜、变成重考生时，一直认为：“我明明就很用功，落榜是因为我头脑不好。”直到我发现自己想错时，已是十多年后的事了。

我会发现自己想错，是因为后来不怎么用功就轻松考上会计师，于是开始思考准备会计师考试的过程，跟十年前的联考有何不同。结果发现，当年我完全不管考题会不会出，就铆起来背别人都不知道的冷门年号和英文单词，但花再多时间背诵不会考的内容，当然也无助于提高分数；而在准备会计师考试时，我只看考试题，因为我发现“必须把精力全放在最重要的事情上”。

各位在投资股票时，是否犯下了和我当年同样的错误？例如演讲时，常有人问我：“请问您花了多少时间收集投资的相关情报？”提问者似乎认为情报收集愈多，愈有助于获利，但其实你只需要知道真正重要的数字就够了。

考试是测验个人的知识程度，所以必须尽可能全背下来，而投资只需做出“买或不买”如此简单的结论，因此掌握必要情报即可，有时情报愈少反而愈好。我的获利公式会引导你找到真正重要的情报，看见大涨信号。

1 投资，不该看天吃饭

想成为投资达人，请先停下来思考：“作者为什么会这么说？”唯有深入了解原因，才能真正精通股票获利之道。

不做什么，比什么都做更有效

获利公式的诞生，源自我个人的投资失败。我刚开始担任基金经理人时，投资策略与现在截然不同。当时我第一次被赋予重任，负责运用几百亿日元的巨额资金，不知该如何整理自己的千头万绪，还烦恼到无法入睡。例如某只个股该买还是该卖？股市现在是处于上升还是下跌行情？不管朝哪个方向做判断，似乎都能找到支持该进场还是退场的“证据”，让我做不出投资决定。

身为操盘菜鸟的我不知如何是好，只好仿照前辈们的方式做股票。由于大家都说要“预测国际经济形势”，于是我开始研究世界和日本经济的局势发展，以及产业动向。

例如“根据国际形势，日元今年似乎趋向走贬”，日元贬值会带动出口企业股价上涨，于是就决定购买出口类股。如果预测正确，确实可以做到接近业界第一的成绩，但万一预测错误，出口类股的股价下跌，就免不了要面对凄惨的下场。

但即便我预测正确，也难保一定会获利，因为总有一天日元一定会由贬转升，届时出口类股的股价也会由涨转跌，如果运气够好及时卖出，还不至于损失过大，但厉害的投资者多半醉心于个人的成功、舍不得退场，我就曾因此惨败过。

很多基金操盘手因为投资失败，很快就在投资圈阵亡。我觉得根据错综复杂的情报进行投资就像看天吃饭，这种做法是错的，因为不论是币值或利率，我们都不知道明天的走向会变得如何，只能焦虑以对。本书的获利公式，就是在这些失败中发展出来的。

如何解决上述难题？我的获利公式，是基于以下三大原则：

一、无助于获利的资讯，不用看
二、绝不赔钱
三、方法必须合理

这些原则在其他的投资书里都看不到，接下来我将一一详细说明。

一、无助于获利的资讯，不用看

获利公式需要记住的规则并不多，也许你还会觉得“什么？就这样？”而感到吃惊，例如买进股票时，需要确认的只有本书附录一的检核表（见本书第216页）而已，只需学会认识检核表上的项目，就可以开始买股票了（但请在充分了解本书内容之后再开始）。

获利公式的原则一言以蔽之，就是“选择股价创新高的股票，分析今后能否持续大幅成长”；换句话说，选股的关键，就是“新高价”和“成长”。

图表1-1列出获利公式所需的必要情报，事实上，你只需要一台能上网的电脑就够了，再就是仔细阅读本书内容，既不必看经济新闻，也不必买分析股价走势的软件，更不必买齐每年发行四次的《公司四季报》，情报搜集的功夫做到这个程度就够了。

图表1-1 获利公式所需情报，都能从网络免费取得

必要的情报	①各公司的投资者关系情报
	②各公司的股价及走势图
	③创新高价的个股情报

不必要的情报	主要的经济	指标、汇率、长短期利率、金价及油价
	总体经济学	和物价或矿产相关的统计数据
	经济新闻	不看也能投资股票
	财务报表	资产负债表、现金流量表、损益表的详细项目
	市场情报	大型股、防御性类股、国际优质股、股票分割
	技术面分析	价格支撑带、融资融券余额、外资动向、震荡指标
	投资指标	PBR、ROE、ROA、股息等

你完全不必学习总体经济学，例如物价或矿产的统计数据，或是汇率、金价、油价。财务报表只看营业额和获利即可，其他都不必看。企业获利虽然又分营业利益、税前盈利和税后纯益等，但不了解其中的差异也没有大碍。你不必看资产负债表和现金流量表，也不必考虑股东权益、企业库藏股政策或股票分割等事情。

在投资指标方面，虽然我会用到本益比（市价净值比），但就算你记不得本益比的定义也没关系。我不会用到股息、ROA（总资产报酬率）、ROE（股东权益报酬率）或PBR（股价净值比），也不会把股票分成大型股、小型股、防御性类股（按：空头时跌幅较小的类股，例如医疗、公共事业或日常消费品等）或国际优质股（按：日本的一种分类方式）。

在技术面分析中，我也不会根据过去的移动平均线（通常简称“均线”），来分析黄金交叉、价格支撑点、外资动向、震荡指标，以及融资融券余额（按：融资是借钱买股票，如果融资余额增加，代表更多投资者看好股市；融券是借股票来卖，融券余额增加代表许多投资者认为股价会下跌，所以借股票来卖）等等。

或许有读者会说：“写给初学者看的书，应该要教一些重要的投资知识。”但无助于获利的知识，我坦白说：“根本不需要学。”例如，某位专家主张矿业的未来动向，对投资而言很重要，真的是这样吗？如果矿业处于上升行情，机械或电机等类股应该也会表现不错，问题是矿业的行情今后仍会持续上升吗？如果不知道如何判断这一点，就不该购买机械和电机类股。既然没人知道矿业的今后发展，这项指标就毫无用处。

假如从财务报表上，发现库存不断累积。库存增加和股价涨跌之间有什么关联性？ROA和股价又有什么关系？分析不相关的数据，根本毫无意义。

获利公式的目的是战胜市场行情。

以前日本制造的电动剃须刀，功能很完善，不仅可水洗，也可使用各国的不同电压快速充电，但最重要的刀片却不够锋利，使用起来感觉比德国制造的钝多了。功能再完备，主要功能低劣的话，还是无法战胜德国电动剃须刀（当然现在品质已经有所改善）。投资股票所需的知识也是一样，获利公式聚焦在最重要的观念，只要观念正确，周边知识都可以不理会。

我的理由是：太注意细枝末节，很可能会因此忽略了重点。我写本书的目的是帮助读者发现“股价攀升两倍以上的人气股”，通常这种公司会发生极大转变，掌握这种大变化才是重点，小细节就不必理会了。

你或许很讶异：“汇率和矿业都是小细节？”我的答案是：“没错。”千万别去买会受币值升跌影响的股票。

二、绝不赔钱

读者可能会质疑：“你说要寻找发生极大转变的人气股，又说不能赔钱，这不是很矛盾吗？”但“绝不赔钱”，是我获利公式最重要的主张，你或许会想：“就算没赔到钱，只要没获利，资产就不会增加。”如果你这么想，代表你买卖股票的经验还不够多。

一般来说，一旦股市出现上升行情，就连你在睡觉的期间，你买的股票也会持续上涨，所以只要行情未上涨时你没有操作错误，资产就不会缩水；只要资产没缩水，当上升行情到来，即可大量获利。因此，你不必思考“该如何获利”，只要“尽力避免损失”即可。

话虽如此，绝不赔钱却是投资最困难的部分。尤其是当投资者的贪婪和恐惧互相拉锯，亏损只会愈来愈大。我想实际进场过的人都能体会我的意思：贪婪是“想将获利极大化”，恐惧是“不想赔钱”，当这两种情绪在心里不断角力，投资者就会逐渐蒙蔽自己的双眼，失去应有的判断力。

被贪婪与恐惧遮蔽双眼的投资者，一旦出现亏损，就会想“死抱股票直到股价回升”，于是即使股价持续跌落无底深渊，也只会在一旁默默观望。另一方面，当投资开始获利，就会想“现在马上获利了结”，满足于一点点蝇头小利，其结果就是行情下跌时惨赔、行情上升时少赚，整体资产当然会减少。

此外，被贪婪与恐惧遮蔽双眼的投资者，进场后满脑子就只想着自己购买的股票。例如购买索尼的股票前，投资者会频频注意家电产品的营业额或电影、电玩等产业动向，关心和索尼有关的消费者需求、相关产业动向和营业额成长幅度；可是买进索尼股票后，却每天只盯着索尼的股价，这样的人根本无法做出正确的投资判断。

日本俗话说：“观棋者比下棋之人多了八只眼睛，可预测下一步。”反过来看这句话，那就是许多投资者（下棋之人）实际买进股票后，眼里就看不到股价以外的东西了。

我连赔钱的概率都算给你看

不少年轻人跟我说：“我想做基金经理人。”通常我会问对方：“你有投资经验吗？”多数人的回答都是：“我从没买过股票。”我会要求他们：“那么，请实际操作一次之后，再来找我。”

不可思议的是，到目前为止，只有一个人再次找上门说：“我进场了。”换句话说，多数人在尝试买卖股票后，都受到贪婪和恐惧的夹击，怀疑起自己“该不该把投资股票，当成一辈子的事业”？

坊间已有许多书籍说明如何克服投资的心理障碍，相关研究也还在持续进行中。但无论如何，你一定要实际进场才能体会，个人的投资知识和技术，其实与第一线的专业操盘手无甚差异，最重要的是：要有一颗不随胜负而喜忧不定的心脏。

那要怎么做，才能拥有不随胜负而喜忧不定的心脏？当你的股票愈跌愈低，不断跟自己说“别在意，别在意”一点用处也没有。唯一的解决办法，是在你的投资行为模式里，先拟定发生亏损时的对策。虽然不是每次交易都能做到不赔钱，但只要控制好幅度，就能将亏损控制在能承受的范围内。

我的获利公式会明确告诉你可能赔钱的概率，而且每回的损失额度都设定在整体投资金额的极小比例以内，有效降低你面对亏损时的心理压力。我所提出的买股公式及各项进出场的检核表，都建立在“绝不赔钱”这项最重要的主张上，帮助投资者在实际的投资过程中，战胜最难克服的贪婪与恐惧。

因此，就算你口袋很深，也请从最小的单位开始买起，千万不要一开始就太贪心，进行大手笔的交易。

三、方法必须合理

本书会用大量数据来验证获利公式的成效，证明这是一个胜算率极高的方法，但最重要的不是获利公式的过去操作绩效如何，而是这套投资方法是否合理。例如“公司获利好，股价会上涨”是保证成立的定理，而获利差的股票，就算股价一时会上涨，长期也撑不住；还有“股价会出现大幅度上涨，一定是在创新高价之后”也是股市的定理，因为创新高价之后，就会成为投资宠儿。我就是根据这个定理建立我的获利公式，因此长期来看，我的方法比较合理，也比较有效。

为了让每位读者都能看懂本书，我以浅显易懂的文句说明，所以只需读过一遍、记住各章节的“获利重点”，就能掌握投资的整体框架；但在实际进行投资之前，请先充分了解“这条获利公式是怎么产生的”。为了帮助读者理解，我准备了许多图表做说明，阅读本书时，请参照图表来学习。

获利重点

◎获利公式的三大主张：

一、无助于获利的资讯，不用看。

二、绝不赔钱。

三、方法必须合理。

2 上班的人，更得懂股票

有些工作你得花10年以上才能独当一面，甚至得从学徒干起，但投资完全不必。你不必从捡球或打扫做起，一开始就站上打击区，从实战中磨炼实力，是进步最快且最有效率的方式。

我从高中就开始投资股票，到了大学开始求职时（按：日本人通常大二、大三开始求职，毕业前就得找到工作），《公司四季报》的内容早已滚瓜烂熟。我以拜访公司的名义前往自己投资的公司，告诉他们："我希望能进贵公司工作。"由于我对该公司及同业都知之甚详，还因此被对方称赞："从来没有学生像你这么了解我们。"

那是因为我买了这家公司的股票，当然会比那些只想在该公司工作到老的求职者更加认真。相形之下，大多数的工作者每天只忙于日常杂务，做着不想做却不得不做的工作，也不得不向人低头，然后把这一切当成是"薪水的一部分"。时间一久，在热情下工作与在惰性下工作的差异，就会愈来愈大。

工作收入是单利，投资进账是复利

我开始投入股市后，第一个感想是："不用工作，钱就自然增加了。"当时的感动如此单纯。假设我用1000日元购买的股票，一个月后上涨到1200日元，假使我投资1000股，100万日元就会变成120万日元。我当时心想："大家都要出门工作才能赚钱，我却每天早上在家看看报纸的股价栏就有钱了。"投资大师赖利·威廉姆斯也说过同样的话，他也是从学生时代就开始投资，甚至还曾质疑自己："不必认真工作就有钱赚，这样对吗？"但后来他根本没去找工作，天天在家坐看资产数字自己增加。

一般工作可做不到这一点。企业里的投资者关系（IR）负责人经常三更半夜还得用电子邮件回复顾客的提问。每次我收到这类回信，就觉得"每个人都在为了让我（股东）财富增加而努力工作"。因此，投资的最大优点，就是不需花费太多时间。

我举个例子：假设大家都是会计师，会计师和投资者一样，达不到专业级水准就赚不到钱，所以必须先努力学习。尽管投资和会计分属不同领域，但在累积专业的过程中，记忆基本用语及阅读教科书所需的努力是相同的。那么，是从哪里开始产生差异的呢？

注册会计师光凭累积会计或审计的专业，并无法转换成金钱，而是必须通过每天的劳动，利用长年累积的专业知识，抽检每日收到的传票，寻找诸多财务报表上的问题，才能获得等价的报酬收入。

相较之下，投资者只需做出"买或不买""卖或不卖"的决定就能赚钱。虽说投资者每天还是得做一些事，例如确认市场情况、了解所投资的公司、管理资金等，但这些事情花不了多少时间，而且每一次投资经验，都会变成专业知识累积下来。

对我来说，工作的收入是单利，投资的获利是复利。因为赚取工作收入的资本是"身体"，会随着时间渐渐耗弱，无法再增加；而投资股票的资本"金钱"却可以再增加。当投资产生收益，这些收益又可以变成资本再投资；也就是说，资本收益可以再拿去赚钱，但赚取工作收入的“身体”却不会变成好几个，所以靠复利赚钱速度比较快。

有效率地赚钱，更快达成人生目标

投资是以金钱为对象所进行的商业行为。如果你是在生鲜市场工作，一定能用比较便宜的价格买到鱼；如果你是房屋销售公司的员工，懂得有关房地产的知识，自然能买到理想的住宅。任何人都能从所处的领域获益，而投资的获益，一言以蔽之，就是有效率地赚钱。

以制造业为例（如机械），就是重复花钱制造、再卖掉机械来换取金钱的作业。用物理学的观念来说，获利过程中一定会产生耗损，具体而言就是机械的开发、制造、运输、贩卖、库存等，这些都会产生费用，所以获利相对于营业额的比例并不高。而投资是靠金钱产生金钱的作业，所以获利效率最高。

此外，大部分的工作都无法凭一己之力完成，投资却可凭借个人决断来获利。因此，我那些靠投资致富的朋友，不乏享受生活甚于工作的人。

很多投资成功的人都热衷于自己的兴趣，像我有很多朋友就因此变成音乐、围棋、佛教、瑜伽等领域的达人，还有一个朋友每天股市收盘后，夫妻俩便相偕外出散步吃馆子，他们评点餐厅的专业，一点也不输给美食家。

当然，也有人只想把投资当成副业。“我也想靠投资赚钱，但我很喜欢现在的工作”或是“我想靠股票赚取国外旅游基金或个人再进修的费用”。如果是因此而想开始投资也无妨。

有些人在写给我的信里会提到个人近况，当我读到“我将来想当会计师，为了赚取进修基金才开始投资股票”这样的来信时，都会觉得对方对投资有明确的目标，是很棒的一件事。

获利重点

◎投资不同于工作，可以自己做主，赚钱的成就感也会因此倍增。

◎学会套用公式，不必每天花很多时间在股票上。

◎投资股票可以有效率地获利，资产也会以复利方式增加。

3 我的投报率比大盘多69%

套用我的获利公式进行交易，绩效到底如何？我画给你看。

我将示范日经平均指数（按：股价指数，又名日经225，2013年11月25日指数为15619.13点）创下近期新高的18261点当天（2007年7月9日），如果以100万日元资本进行投资，结果将是如何。

如果我投资与日经平均指数联动的投资组合，到了2010年7月（三年后），资本额大概会拦腰砍断、只剩一半；但如果按照我的公式投资，每次都拿资产的10%当作投资额、定期定额地交易股票，资本额在这三年期间股市最低点时，账面还有83万日元（亏损17%），但三年后，将变成起始投资金额的1.21倍。

还有，如同这次投资，本书建议每只股票的购买金额，都以整体资产的10%为限。

项目	2007年7月	最低点	2010年7月
日经平均指数	18261点	7054点	9537点
用100万日元投资与日经平均指数联动的投资组合	100万日元	39万日元	52万日元
按照获利公式每次都投资10%	100万日元	83万日元	121万日元

说明：这三年期间，与日经平均指数联动的投资报酬率是-48%，套用获利公式则是21%，两者投资报酬率相差了69%。其算式为：（52－100）÷100＝-48%；（121－100）÷100＝21%；21%－（-48%）＝69%。

图表 1–2 **我用获利公式，定时定额投资的结果**

对股票投资者来说，这段时间是最痛苦、胜率最低的时期。以期货交易的用语来说，就是“减损最大”的时期（产生最大损失，造成资产减少）。然而，套用我的获利公式，最多只会减损17%的本金，因为根据我的获利公式，在下跌行情里看不到创新高价的股票，自然不会出现买股信号，所以资产配置是六成放在股票、四成放在现金。

图表1–2是将2007年7月到2010年7月的模拟投资绩效制成图表，根据这张图表，从2009年10月之后（投资两年后），套用获利公式投资的资产便急速增加，这是为了反映股票获利了结后结算的损益，事实上股价每天有涨有跌，账面价值也是天天波动，但图表并未显示这样的波动。至于未实现损益的资产价值变化，就请你当作是随着日经平均指数

的上升而增加吧。

在上述模拟结果中，我想强调的一点是：只要使用本书的方法，即便遇到下跌行情，也不至于遭受极大损失。投资股票最重要的，就是极力避免亏损。因为这是一种不放空、只管买进的投资法，缺点就是遇到行情下跌时会毫无招架之力。但经验丰富的投资者都知道，只要撑过下跌行情，要在行情上升时赚钱，可说是轻而易举之事。

这三年间套用获利公式虽然没有大赚，但和2009年下半年以来、日经平均指数维持在稳定期相比，资产确实持续增加，可见运用获利公式进行投资的成绩非常好。而且，当行情突破稳定期、进入上升行情后，资产获利翻涨好几倍，也不是不可能的事。

【说明】此次模拟投资所使用的规则如下：

买股	①选择过去2～3年来曾经创新高价的股票（参见第二章第一节），如何看股价走势，请见第二章第四节 ②锁定获利成长的企业过去 5～10年获利稳定成长（参见第三章第二节） 最近1～2年的获利成长（参见第三章第三节） 最近2～3季的营业额及获利成长（参见第三章第三节）
卖股	①根据基本面分析卖出股票（参见第四章第三节） ②根据技术面分析卖出股票（参见第四章第四节） ③设立停损点（参见第四章第六节）

说明：本书除了上述规则，尚有其他投资重要规则及重点。例如确认该公司“未来获利能否持续稳健成长”。但这项确认重点无法机械式地进行，必须在选择标的时加入个人判断，因此在这里省略了这个步骤。

4 不频繁看盘，抓走势大赚

股票是大多数人最熟悉的金融商品，为什么？还有，投资股票有何优缺点？和商品或外汇等投资工具相比，股票更容易看出其特色。

很多人一开始就以股票为投资工具，最主要是觉得容易获利，因为过去投资致富的人，大多是靠股票，很少有人因为投资外汇而赚大钱。以日本股市来说，平时可交易的个股多达上千只，而外汇的主要币别才十几种，商品期货的选择也只有几十种。从众多个股中选择一只，比较容易挑到理想标的，但如果选择不多，有时就必须妥协。

而且股票的相关情报最齐全，像《公司四季报》、报纸的股票专栏、网络上各大上市上柜企业的投资者关系（IR）网页等，各种情报应有尽有。相形之下，外汇跟商品期货既没有《外汇四季报》，报纸上的相关专栏也只有小小一篇。

然而，很多人就是因为买股票的门槛很低，不是听信他人消息，就是在准备不足的情况下进行交易，然后赔了钱就觉得“我不适合投资股票”，转而投资外汇或其他投资工具。

股价上涨定理，全世界都一样

投资股票的最大特点，就是“获利好的企业，股价会上涨”，这是你在任何国家、任何时间都成立的准则。无论时代怎么变，绝对不会发生“营业额减半，股价却翻倍”的情况；也就是说，这项获利准则可称为“股价上涨定理”。绝大多数的投资者都是受到这条定理的吸引，才决定进场的。因此，投资者必须知道下面两点：

① “获利好”的定义是什么？
② 市场何时会反映该个股的获利？

相较之下，商品、外汇或债券就没有这样明确的规则了。以外汇来说，决定汇率的是两国之间的利率差异、经济成长、政府当局的施政方针等基本面因素，不像“A 公司获利与 A 公司股价的关系”，有直接的关联性。

不用随时看盘，适合中长期投资

请参照图表1-3，比较投资股票和期货的差异。

股票投资有定理，所以和商品期货或外汇等投资工具有极大的差异。股票最重视基本面分析，但基本面不会每天变化，而是会影响到中期和长期的股价，所以投资股票最适合的期间不是一天或一周，而是中长期持有。

另一方面，期货没有类似定理的规则，它的原理是“某种价格波动容易诱发另一种价格波动”。例如：价格狂跌的隔日容易反弹上涨，今日的狂跌绝不会影响到半年后的价格波动，所以期货就像日内交易（Day trade）一样，是以短期投资为主。

图表1-3 股票和期货，优缺点比一比

项目	股票 胜	期货
有投资定理吗？	有	没有
投资期间	中长期	短期
整天关注行情的必要性	没有	有
有交易次数	少	多
可选择的标的数量	多	少
照章执行的交易规则	难以建立	容易建立

喜欢当冲的人多半是参考熟悉行情者的评论，或是靠着自身对市场涨跌的直觉，视当时的市场环境决定买卖。遇到价格上涨时，马上获利了结，然而当价格开始下跌却倾向于死抱，直到价格愈跌愈凶，损失愈来愈大。

想要持续获利，参考过去的获利模式进行投资，是最好的办法，但投资者遇到的最大问题是：过去的获利模式不一定对未来有效。因此，你必须经常检验过去的数据，以确认这种投资模式的有效性。实际做过的人就知道，这种检验对初学者来说难度甚高，又很花时间。

相形之下，投资股票其实有定理可以依循，不需花功夫检验。当然，还是有一些细节需要验证的，例如获利成长率高的公司，买股基准会设定在获利18%或20%以上，但即使不做这种微调，对整体获利的影响也不大。

不用天天看盘，不需频繁交易

不需要常常买进卖出是股票的极大优势，因为交易次数原则上是愈少愈好。虽说交易次数愈少愈好，但并不是指这辈子只买卖一次就好。像买房子这种一辈子的大赌注，万一输了，将对人生造成极大的影响，但股票不会。

而且，股票因不用一直看盘，在时间运用上比较有弹性，只有想要买进、卖出的时候才要特别关心，持股期间可以放着不管；但是若要玩当冲，则必须在股市交易期间都紧盯着市场的波动。上班族和学生因白天各自有工作和学业，很少有人可以整天都专注于盘面上，所以我会建议这些人从事股票投资时，一天看一次市场行情就够了。

话说回来，外汇或商品期货等投资，还是有其优点的。观看市场行情时，心里会产生很大的压力。实际经历过的人就知道，交易期间紧盯着行情涨跌，会对心理造成多大的负担，如果是频繁进行，心理负担会更大。

于是，为了适当消除心理负担，期货投资产生了一种革命性构想——验证过去的数据、掌握行情涨跌的特性、建立起规则，然后按照规则机械式地进行交易，由于是按规则操作，每回买卖都不需要投资者自行做判断，因此可以减轻心理负担。况且，如果因为心理压力造成判断失准，通常会招致赔钱，所以只要心理负担减轻，就能减少类似问题的发生。

然而，投资股票却无法这么做，因为必须分析该公司的未来发展，除了要参考价格、总成交量等数据情报，还必须加入个人判断，所以很难建立标准化的买卖规则。

我就是为了改善这一点，才将买卖规则公式化，归纳出股票获利公式。规则一旦确立，接下来要做的就是彻底执行而已。我已经将股票投资法数字化，这也是贯穿本书的中心思想。

过去有很多人靠着投资股票累积资产，闻名世界的投资大师，也是以股票为主要标的。所以，认为股票赚不了钱或觉得自己不适合买股票而选择其他投资工具的人，都应该重新认识股票的优点。

获利重点

◎股票因为有“公司获利好，股价就会上涨”的不灭定理，所以能根据基本面分析，以中长期投资为主。

◎从期货交易衍生出来的机械式买卖方式，有助于减轻投资者的心理压力。因此，投资股票也应该多利用数字化的投资规则，也就是本书接下来要介绍的获利公式。

第二章

大涨的信号，K线天天暗示你

每次国家有奥运选手拿到金牌，举国都会为之欢腾，专家们也会纷纷表示选手获胜的原因是“因为我国选手比其他人更勤于苦练”，或是“因为我国选手最有必胜的决心”。可是当你冷静思考，就会发现专家们的分析大有问题。银牌选手的练习量，难道比金牌选手少吗？难道他会觉得“没得金牌，得银牌也不错”吗？

能参加奥运会的选手，一定都比别人加倍努力苦练、拥有比别人更强的意志，因此能否拿到冠军，关键在于练习方法（技能）不同，使得练习成果（实力）产生差异。投资也是一样，比别人更认真学习或拥有更强烈的获利决心固然重要，但光是这样并不足以获利，找到正确的投资方法才是最重要的。

本章将介绍获利公式的核心，说明投资最重要的观念：“创新高价”。当股价创下前所未有的新高，这只股票就会成为股市今后的主角；而达不到新高价的股票，未来上涨的概率极低，所以不值得买进。此外，大盘会涨还是会跌，也能从创新高价股出现的频率来判断。

投资股票只有两个重点：①要选择哪个投资标的？②今后股价能否上涨？“创新高价股”能同时满足上述两个条件。

1 股票百百种，我只选这一种

为什么说“创新高价”是选股的唯一切入点？单一个股、大盘指数、商品期货和外汇等等，都是在何时创新高价的呢？

“创新高价”指前所未有的最高股价，这可不是随随便便就能创下的，其中必定隐含极大的特殊变化。

获利公式最重要的概念，就是“创新高价”的股票。如果要我为股票分类，我只会分成“创新高价股”和“非创新高价股”。

如果要将人类分成两类，以性别来区分，可分成男女；以国籍来区分，可分成本国人和外国人；以年龄来区分，可分为成年人和未成年人。换句话说，分类的切入点不同，分类结果也就不同。但在股票的分类上，我一向都主张，只能分成“创新高价股”和“非创新高价股”，这也是本书最重要的概念。

当然，若以股利来区分，你也能分成“有股利股票”和“无股利股票”；以规模来区分，可分成大型股和小型股等等，区分方式很多。可是，如果用获利的观点来看，这些区分方式没有太大意义，因为发放股利的股票，其股价不尽然比不发放股利的股票更容易上涨。就这点而言，“创新高价股”和“非创新高价股”这样分类的价值，就完全不同了。

首先，我要针对“新高价”这三个字，下明确的定义。从图表2-1中可知新高价有“史上最高价”和“近年来高价”两种；“史上最高价”意指股价达到前所未有的最高价格，而“近年来高价”则指过去两年多的新高价。

图表 2-1 创新高价的定义

新高价
- 长期：史上最高价；历史上的最高价
- 中期：近年来高价；过去两年多的新高价

接着，就是本书的第一道获利公式：

> 买股公式1：
>
> **在股价创近年新高时买进。**

不是只有个股创新高价才具有重大意义，像日经平均指数所代表的股票市场、外汇、各国债券、石油、谷物、黄金等商品的新高价，也都有极大意义。

新高价意指企业或市场展现出与过去完全不同的样貌：股价创新高，表示该公司进入全新时期；而指数创新高，代表该市场进入全新时代。接下来我将以实例说明这个概念。

创新高，代表发生极大变化

我们一起来思考个股涨至新高价代表什么意义，我以商船三井（按：日本前三大海运公司，以净利及市值计算则是日本第一大，是日

图表2-2 **我用获利公式，定时定额投资的结果**

■ 商船三井的月K线图

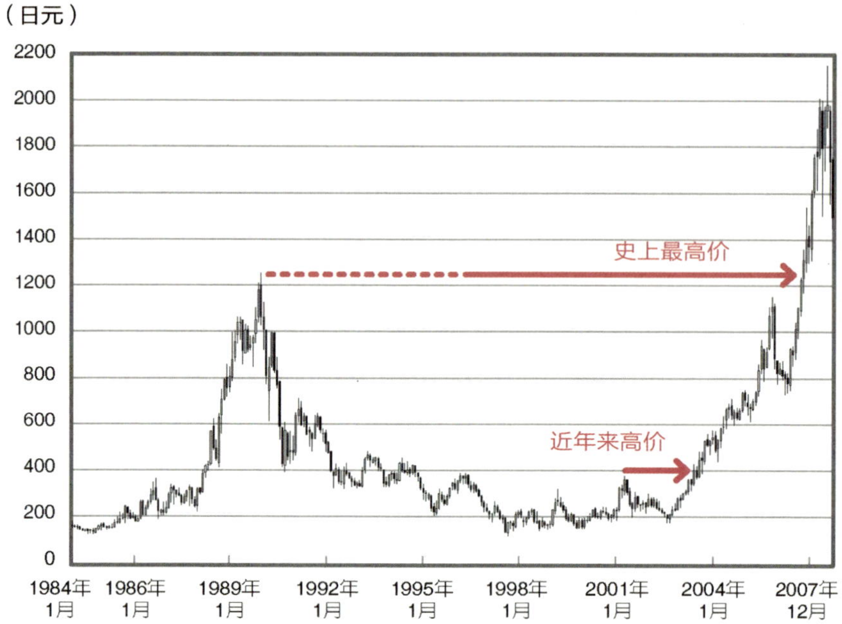

本四家挤进《财富杂志》500强企业的其中一家）的股价走势图为例。请见图表2-2，上头已标出这只股票到2007年12月的“史上最高价”和“近年来高价”。

商船三井的股价在2003年8月，突破了2001年6月创下的380日元高价，这是近七年来的最高价格（近年来高价）。后来股价更在2007年10月攀升到2040日元，是原先新高价的5倍之多。

相对于此，2006年12月股价突破了1990年1月创下的高价，形成史上最高价。从那时起到2007年攀上最高价之间，短短不到一年，股价已成长了1.8倍。

严格来讲，该公司从创下史上最高价的那一刹那，便开始迎向全新时期，所以照道理讲应该选在此时进场。然而，如图表2-2所示，此时才进场已经太迟了，因为这只股票早在2002年11月价格跌到193日元的谷底后，就开始进入上升行情。用1990年1月的价格进场，等于是花最低价的6倍以上。因此"近年来高价"在股票投资策略中，是一个非常重要的概念。

股价突破史上最高价的时间点，虽然代表该公司即将发生根本性的变化，但股价突破过去两年来的高价，也一定能代表该公司开始出现极大转变。"史上最高价"固然是进场的最适合时机，但"近年来高价"是更好的进场时机。股价创新高代表该公司体质已经产生蜕变；反过来说，如非公司发生重大转变，股价也不可能创新高。

发生了什么变化？变得很赚钱

不是只有商船三井发生重大转变，同时间海运业的相关指数也产生了极大变化。这是由于中国经济起飞，影响了各个领域的供需平衡，其中最具代表性的就是船运运费。中国若想从世界各地进口铁矿石或谷物，就需要船只载运，但造一艘船需要好几年，船只无法立即增加，因此当中国的进出口次数增加时，船只数量就会不足，导致运费上涨。

从2002年到2007年，就发生了前所未有的运费涨幅。被称为波罗的海综合指数（Baltic Dry Index）的运费指数，在整个20世纪90年代都在1000点与2000点之间来回摆荡，到了2002年却开始急速上扬，2007年时已经超过一万点。具体来说就是：波罗的海综合指数从1999年2月的772点（最低点）升到2008年5月的11793点（最高点），成长超过14倍。

当然，这是指现货价格，长期契约价的涨幅有限。然而，既然现货价格上涨了这么多倍，就代表海运业者已经获利。有一家海运公司的董事甚至对我说："现在是有史以来营运状况最好的时候。"

商船三井的获利也从经常利益334亿日元（2003年3月），成长到3022亿日元（2008年3月期），成长了8倍之多。这就是该公司股价能够从最低价成长11倍的主因。

企业能够迎接新时代的来临，有时是因为时代变迁，顾客人数急剧增加，有时则是因为提供新服务或新商品，改变了企业形象。然而，"新时代"对投资者而言，定义更加明确——当企业迎接新时代，就代表"获利达到一个与过去完全不同的成长阶段"。

说得更浅白一点就是，投资者衡量企业的标准，是它赚不赚钱，因此公司进入新时代，代表"变得很赚钱"。投资者对企业获利非常敏感，所以迎接新时代来临的企业，股价才会创新高。反过来说，不赚钱或获利不高的公司，会因为投资者敬而远之，股价鲜有创新高的机会。

你在决定要不要投资时，首先要看的就是它是不是一只创新高价股（创近年新高）。幸运的是，股价是否曾创新高，在走势图上无所遁形，因此股价走势图是投资者掌握全局的基本工具。

指数创新高，个股也容易创新高

当指标性的指数创新高，构成股市的个股股价也会跟着创新高；当多数企业都迎向新时代，整体社会也会迈向新纪元。换句话说，市场指数的创新高，象征全新时代的开始。

以美国纳斯达克综合指数（NASDAQ）为例，从图表2-3可知，纳斯达克综合指数（红线）在1998年7月达到2014的高点后，立刻在8月跌至1499点，然后从这里开始展开飞跃式成长，并于同年11月突破7月的高点，再度创下新高。而后在2000年3月一口气冲上5046点，不到两年就攀升1.5倍。

标准普尔500指数（S&P500）也在这段时间上涨，但涨幅不如纳斯达克综合指数。这一点充分表现在纳斯达克综合指数的相对股价（纳斯达克综合指数÷标准普尔500指数，见图表2-3的黑线）的上涨趋势上。纳斯达克综合指数创新高不久后，相对股价也创下新高，并开始急剧上涨。与此同时，日本店头股也快速上涨，并大幅超越日经平均指数。

图表2-3 大盘指数创新高，宣告网络时代来临

■ 纳斯达克综合指数V.S.标准普尔500指数

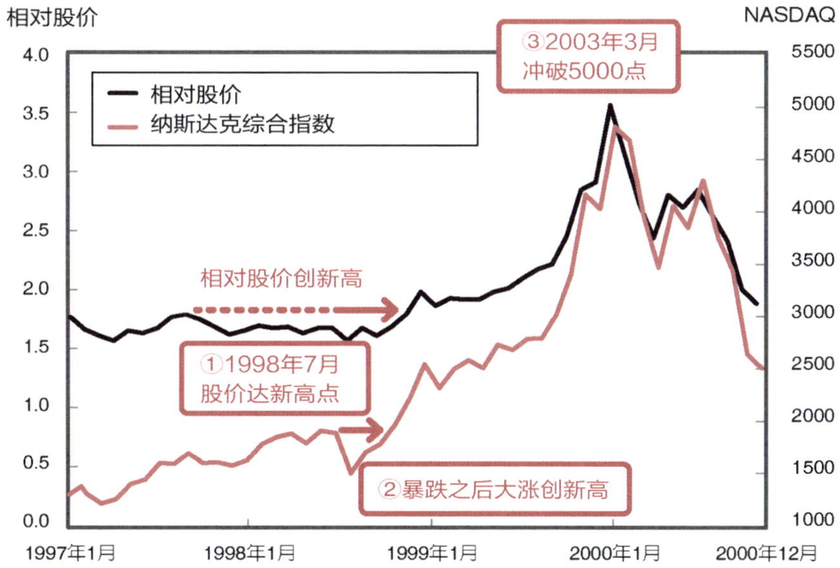

说明：相对股价＝纳斯达克综合指数÷标准普尔500指数。

或许有人认为："虽然股价指数创新高，但是世界跟昨天一样，还是没有变呀。"可是世界的变化并不是像交通信号标志由红转绿、车子发动就能开跑那么明显可见，变化是一点一滴发生的。

这次的股价变化意味着什么，如今已再清楚不过：网络与移动电话迅速普及所带来的科技股热潮，已经展开。

商品价格上涨，意味新兴国家崛起

我们来看看商品期货价格指数的情况。根据图表2-4，2000年10月创下的高价（近年来高价），在2002年12月被打破了，之后持续上扬，尤其是2007年下半年开始，更是急剧上涨。从2001年1月的最低点到2008年7月的最高点，成长了3.3倍。即使只从创新高价的时间点开始算，也成长了2.6倍。

光看"商品"二字不易了解是指什么，所以接下来我稍微介绍一下构成商品市场指数的标的。我虽然没附上图表说明，但指数里的每种商品都在上涨。

其中以原油涨幅最大，自1998年7月的最低价10美元，涨到2008年12月的最高价147美元，共成长了近14倍，其中尤以2007年之后的上涨速度最快。从2007年1月的49美元开始，短短一年半价格就成长了3倍。黄金的涨幅虽然不如原油，但从1999年8月的251美元，到2008年3月的1032美元，也上涨了3倍。

稻米因为未纳入商品期货市场指数的成分，所以我并不清楚实际价格涨幅，但以我居住的香港来看，稻米至少涨了五成。以米为主食的泰国和菲律宾甚至因此几乎要引发暴动。多数发展中国家开始针对谷物加

图表 2-4 商品行情创新高，代表新兴国家崛起

■ 美国商品期货价格指数

课关税，减少出口以平衡国内需求。但因为其他国家也采取相同政策，导致各国都无法确保进口谷物的需求量，反而引发国际供需失衡，造成谷物价格上涨。

与此同时，中国和印度等新兴国家因国民生活水准提升，对商品的需求与日俱增。过去一向由八大工业国组织（G8）主导世界主要经济政策，现在则扩充为二十国集团（G20）。可见商品价格上涨，代表新兴国家的势力抬头，尤其是产油国的势力愈来愈大。

我曾住在阿拉伯联合酋长国的首都阿布扎比（Abu Dhabi），那时阿联酋政府招聘了一群罗浮宫工作人员，准备将首都打造成文化中心，而

迪拜虽然遭遇迪拜倒债危机（Dubai debt crisis），建设热潮戛然而止，但城市生活依旧热闹兴隆，主要干道除了三更半夜，整天拥挤不堪。相较之下，东京都的塞车根本就是小巫见大巫。

总之，对市场创新高价的现象，绝对不可以等闲视之，因为那代表新时代来临了。

获利重点

◎选股的关键是“创下近年来高价”。

◎个股或指数创新高价，代表该企业或市场的获利，进入全新时代。

2 大涨的信号，就在K线里

若能看出今后哪家企业会成长或衰退，代表你的投资实力进步了。拥有这种实力的方法非常简单，只要从股价走势图中判断何者是创新高价股、何者是套房股即可。

第一节已经解释了“股票创新高价，代表企业进入新时代”；反过来也可以说，股价无法创新高价的企业，就无法迎接新时代的来临。因此，当某家企业创下新高价，而另一家企业无法创新高价时，彼此之间胜负立判。

但投资者千万不要因为看到自己喜爱的公司，偶然创下新高价，就急着跳进去买该公司股票，初学者很容易发生这种情况。在决定该公司是否值得投资之前，应该多和其他公司比较。

多分析几家“创新高价股”和“非创新高价股”，对整体产业有大略的了解，才能增进投资实力。拥有投资实力的方法非常简单，多看股价走势图即可。

只要观察走势图，就能看出一家企业的兴衰。以前曾经流行过“国际绩优股”一词，指绩优的出口类股，包括汽车、电机、机械等。说到代表日本的企业，我第一个想到的，是20世纪80年代的国际绩优股索尼（Sony）。

请看图表2-5，索尼的股价和日本其他股票一样，都在1989年创新高价，之后进入一段调整期，后来靠着Play Station（简称PS）在电玩界

图表 2-5 无法创新高价的股票，不会涨

■ 索尼

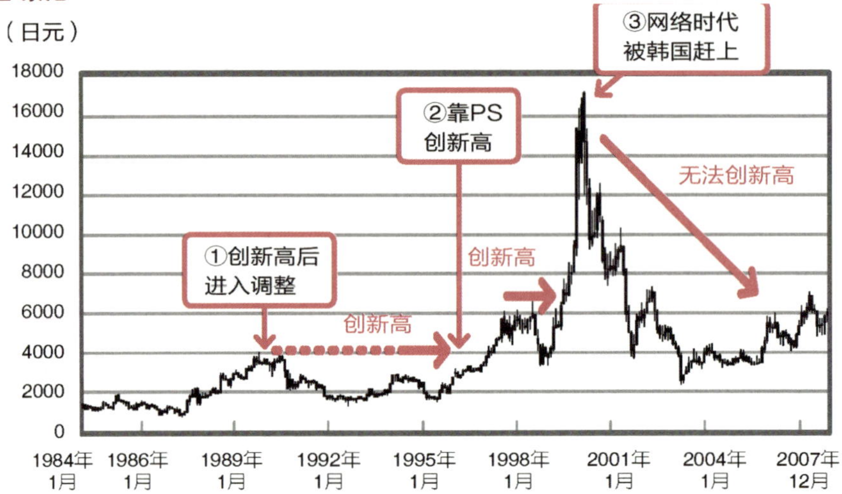

■ 先锋

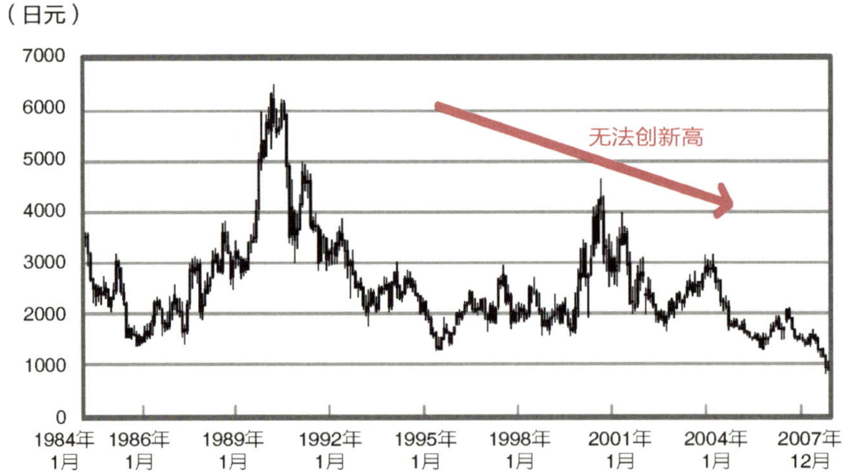

建立起无可撼动的地位，并在20世纪90年代两度创下新高价，最后又在2000年股价大幅超越1989年的新高价。

然而，自2003年起，即使日本股市已经从网络泡沫中恢复，索尼的股价依旧一蹶不振，无法突破网络极盛时期的最高价。索尼无法创新高价的意义非常重大，因为这代表该公司的全球地位每况愈下。自2000年以来，韩国等国家的家电业已经迎头赶上日本了，这些情况在股价走势图中都清楚可见。

先锋（Pioneer）的情况更加严峻。从该公司的股价走势图可知，先锋的股价即使是在2000年的网络全盛时期，依旧无法超越1990年创下的高价，就连2003年日本股市恢复后也无力回天，无法再创新高价，一直走下坡路。当连索尼这样的大厂牌走势都不好时，其他中等规模的家电厂商，情况只会更加严峻，股价走势图显示，先锋没有单独生存的机会。

家电产品的附加价值出自哪里？以电脑为例，电脑的外观是由很多按钮组成的箱子，里头的液晶荧幕和半导体则由化学性零件构成。在这过程中，日本企业究竟在哪个部分发挥了优势？

在说明这一点之前，我必须先解释何谓“附加价值”，我以咖啡豆为例来解释。星巴克的家常综合咖啡豆250克要价1100日元，不过如果是在东京谷物商品交易所，购买相同重量的豆子（同是阿拉比卡豆），却只要80日元。这是在国外采收的生豆运到日本后的价格。星巴克咖啡豆虽然比交易所的豆子高级，价格却高达1100日元，这其中必然隐藏了附加价值的秘密。

我们平常喝的综合咖啡豆是混合多种咖啡豆，调整过酸、甜、苦味的豆子。调整后味道的好坏决定了价格，因此混合豆子的过程需要专业技能，这也是消费者付钱购买的原因——产品的附加价值。

索尼和先锋的股票之所以不赚钱，就是因为新兴国家的竞争企业，也学会了他们优秀的技术和经验，使他们无法继续获利。回到电脑的问题，日本在电脑制造上相当于“综合咖啡豆的专业技能”在哪里？仔细分析股价走势图，就知道了。

大涨信号：走势是否呈“阶梯状成长”？

其中一例就是信越化学。如图表2-6所示，信越化学共创下三次新高价，在1989年、1997年、2000年和2007年，都突破了之前股价的高点，和先锋的走势正好相反。

电脑是塞满半导体的箱子，即便是技术较落后的发展中国家和地区，只要买得到半导体，也能自行组装电脑，何况中国台湾、韩国等也有能力制造半导体，因此能维持附加价值的企业，就只剩下提供构成半导体元件的企业了，而其中的指标性企业，就是信越化学。分析企业的股价走势图，就能知道电机产业的附加价值，其重心已经从原本最接近消费者的下游，逐渐转移到最接近原物料的上游了。

此外，代表日本的产业，其重心也已经从电机转移到汽车了。关于这一点，只要瞧一眼丰田汽车的股价就知道了。丰田汽车和信越化学一样创下三次新高价，在1989年、1997年、2000年和2007年都突破了之前股价的高点。丰田汽车出身的人能担任日本经济团体联合会（按：日本三大经济团体之一，由东京证券交易所部分上市企业为中心构成）会长一职，想必是基于这个理由吧。

图表 2-6 大涨信号：股价呈阶梯状成长

■ 信越化学

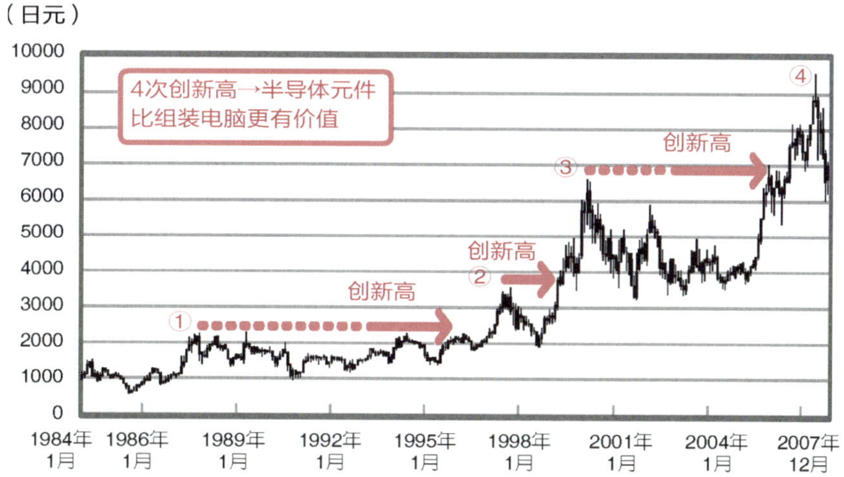

■ 丰田汽车

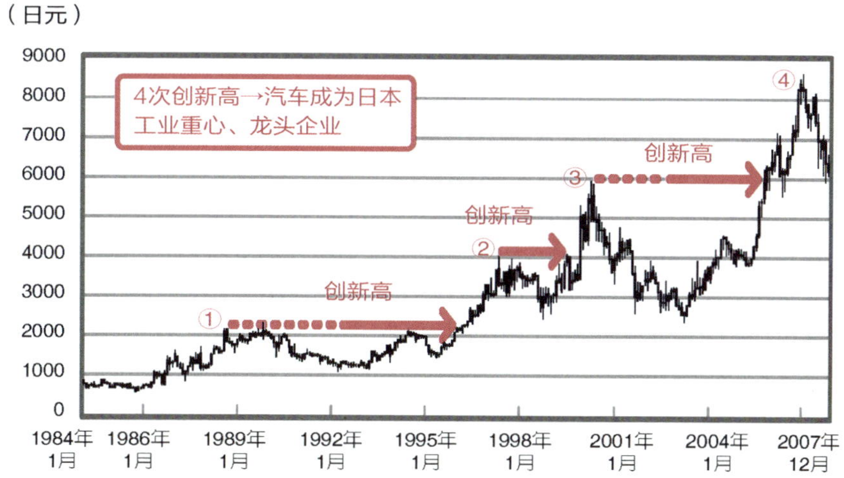

“股价”+“获利”，就知该不该进场

接下来，我们从获利观点来看企业的兴衰。图表2-7是多数企业创下最高收益的2008年3月期，和10年前（1998年）的经常利益相比的倍数。在图表2-7四家公司中，经常利益成长最高的是信越化学（3.7倍），其次是丰田汽车（2.9倍），第三名是索尼（1.0倍），成长率持平，而先锋只有0.2倍，等于获利只剩10年前的五分之一。K 线真实地反映出各家企业的获利变化。

索尼在2003年10月28日宣布扩大裁员规模，同时放言要使前年度只有2.3%的营业净利率（公司每创造100元的营收所能得到的获利仅有2.3元）在2006年度成长至10%（金融部门除外）。然而实际上，受到电玩部门的庞大赤字影响，2006年度的营业净利率变成负成长，只有-0.2%。

电玩热卖与否，会大大左右获利表现，对索尼而言，2006年可说是运气很背的一年（按：任天堂在这一年推出Wii），但从本业电子部门的营业净利率只有2.6%来看，索尼当初喊出来的获利目标只不过是空口说大话罢了，曾经代表日本优良企业的索尼，其辉煌时代已经结束了。

还能避免你买到套房股

日经平均指数从2003年4月的7607点，上涨到2007年7月的高价18261点，虽然成长了1.4倍，但就股市的长期走势来看，和1989年的超级高点38915相比，近年来的高价连当年的一半都不到。

“平均股价”如同字面上的意思，是指绝大多数股票市价的平均

图表2-7 看获利，套房股就无所遁形

1998年3月期—2008年3月期
经常利益的变化率（倍）

信越化学	3.7
丰田汽车	2.9
索尼	1.0
先锋	0.2

谁是创新高价股、谁是套房股，一目了然。

值，因此，多数公司的股价走势，会和日经平均指数差不多。也就是说，构成大盘指数的多数企业尽管有程度上的差异，但股价会和索尼、先锋等股票一样，呈现下跌走势。

索尼的股价从2000年的最高价16950日元，跌至2010年的最低价1491日元，跌幅超过九成；先锋的股价则从1990年的最高价6570日元，跌至2010年的最低价82日元，惨跌79%。投资人若是长期持有这种股票，就会落入被套的窘境。

再叮咛一次最重要的部分。要一般投资者关注经济脉动或详细追踪各企业的获利情况并不容易，也不见得每个人都做得到，但有一种既简单又实在的方法适合一般投资者，那就是分析长期股价走势图。

创新高价股的股价走势图会呈现长期向上攀升的走势，所以看股价走势图就能知道哪个产业群正在获利，并了解构成经济情势的产业盛衰。这就是选股的基本原则。

只关注创新高价股还有一个好处：虽说每个时期股市状况都不同，但基本上100只股票里只会出现1只创新高价股。依照本书的投资法，

散户可以不理会创新高价股以外（也就是整体股市的99%）的股票，只要仔细调查那1%的股票即可。这不但能省下大量时间，也能减少许多不必要的迷惘。

获利重点

◎股价无法创新高就容易下跌，千万别买这种股票。

◎分析愈多企业的走势图，愈能增进选股实力。

3 想逮到底部必套牢，你得买在“创新高价”

想要“逮到底部”是人之常情，但这是一个很容易被套牢的陷阱。因为股价便宜代表该股未受市场关注，无法得知股价何时才能落底反弹。本节会告诉你为何不可买便宜股票，以及如何发现未来的人气股票。

要如何找出一只未来会受到投资者关注的股票呢？方法很简单。

前文已经提过，若将股票分成两类，我会分成“创新高价股”和“非创新高价股”。“创新高价股”就像活火山岩浆，具备股价往上冲的特性；相反地，“非创新高价股”代表无法迎接新时代来临的输家，股价只会一蹶不振。买一只不受市场关注的股票，不但无法得知股价何时能涨上去，还得等待漫长时间才能获利了结。

股市有一句名言叫做：“高点三天，低点百天。”意思是一只股票在进入上涨期之前，必须经过很长的低迷期，然而一旦股价开始上涨，涨势虽然凶猛，期间却很短暂，而低迷期和上涨期的区分点，就是股价创新高的时候。

综合以上所述，结论是：

创新高价股＝人气股
非创新高价股＝非人气股

我以朝日啤酒和麒麟啤酒为例，来说明非人气股票的特征。朝日啤酒的史上最高价出现在1989年9月，麒麟啤酒则出现在1987年7月。后来这两家公司20年来都未曾再创新高，股价低迷到今天，可见投资人对无法突破新高价的股票，连看都不看一眼。

图表2–8是朝日啤酒和麒麟啤酒1999—2010年的股价走势图。由图表可知两家公司的股价呈现相同走势，无论买哪一只都差不多。

接着我们来看获利。就1998年12月期的经常利益来看，朝日啤酒是571亿日元，麒麟啤酒是636亿日元。在全球陷入不景气之前的2007年12月期，朝日啤酒的获利是902亿日元，麒麟啤酒则是1234亿日元。

9年来，朝日啤酒获利成长了0.58倍，麒麟啤酒则成长了0.94倍。换算成年率，则朝日啤酒成长5%，麒麟啤酒成长8%。从基本面分析来看，显然麒麟啤酒表现比较优秀。如果股价能如实反映获利的话，朝日啤酒应该上涨58%、麒麟啤酒应上涨94%才对。

接着我们来看这两家公司在2007年以后的股价表现。在日经平均指数下跌的趋势中，这两家公司的股价也同时转为下跌。2008年12月期，朝日啤酒的获利是965亿日元，有7%的获利成长，而麒麟啤酒的获利是1030亿日元，出现–17%的衰退。然而就股价而言，两家公司在下跌行情里的股价走势却相差无几。

到了2009年，两家公司的股价都大幅回升。就2009年12月期的经常利益来看，朝日啤酒是–6%，麒麟啤酒则是+40%，获利差距极大，却没反映在股价上。

由此可知，对投资者来说，这两家公司的获利差异都在误差范围内。日本上市上柜公司大约有4000家（按：中国台湾2013年是1448家），其中获利成长高达20%甚至30%的公司比比皆是，相较之下，长

图表 2-8 获利成长未达20%，无法创新高

■ 朝日啤酒与麒麟啤酒的月K线图

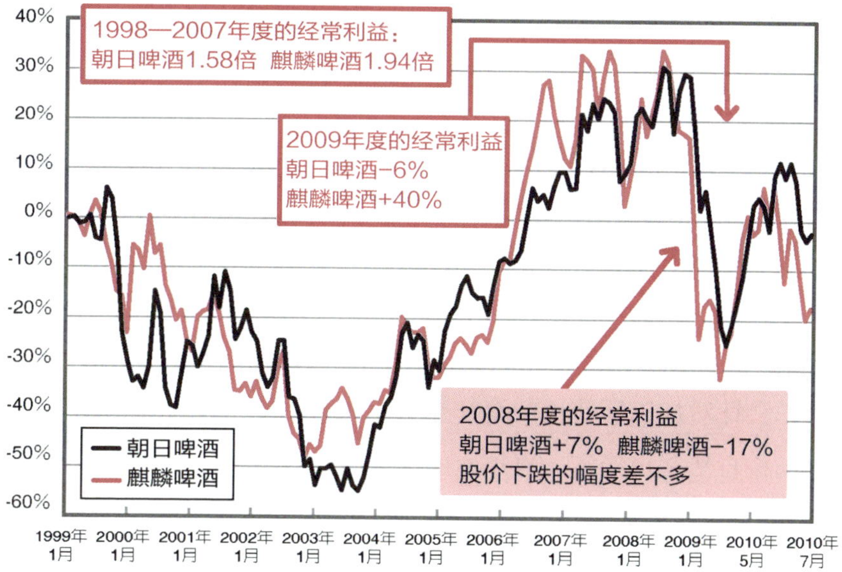

说明：这两家公司都在12月决算；左侧数据是以1999年1月为基准点的涨跌幅百分比。

期只有5%~8%成长率的公司实在不具讨论价值。既然这些公司的股票无法创新高价，些微的成长差距也就容易遭人忽视，最后股价走势就变得和同业其他公司一样了。

获利成长但股价未创新高，别买

一般来说，股价与公司获利是联动的。公司获利好，股价就上涨；获利差，股价就下跌。然而，遭市场忽略的股票，会出现获利和股价不

联动的情况。以下我举实例说明。

图表2–9是日本最大缝纫机公司JUKI的股价走势图。图表中央红色圈圈的部分便呈现获利成长、股价却下跌的情况。如果投资者在这段时间看到该公司获利亮眼就进场购买，肯定会赔钱。

该公司虽然一度陷入获利低迷期，但自20世纪90年代后半期以来，以中国为首的亚洲各国对缝纫机的需求支撑了该公司获利，使该公司进入长期性成长。如同日本蹿升为经济大国时，纤维的出口带来庞大获利一样，亚洲新兴诸国的成长也是立基于纤维工业（按：指以染色、缝纫等经过加工的纺织品）。

UNIQLO等日本衣料用品企业，虽然主要都在中国生产，但为了力求品质，会针对加工厂使用的缝纫机指定机种，于是全球市占率40%的JUKI缝纫机自然获得指定，再加上中国开始要求调涨工资，导致工厂对不依赖人工的高性能缝纫机需求与日俱增。

规模第二大以下的缝纫机制造商，多半将商品主力放在低价缝纫机上，使得已占全球最大市占率的JUKI，得以再扩大市场占有率。然而，即使该公司获利成长了，但股价只要无法突破新高价，就会下跌。

相对地，股价一旦突破新高，股价和获利就会双双成长，再加上买气会拉抬股价，短时间内股价就会急剧成长。这时就是投资股票“最美好的时期”。以JUKI来说，自2005年8月创新高价后，股价便一路飙涨，到了2007年9月已经上涨将近两倍。

市场终会给JUKI公道，但在获利与股价不相称时买进，逮到底部，意味得套牢很久。

图表 2-9 获利和股价的走向不一致：不知何时落底

■ JUKI的月K线图

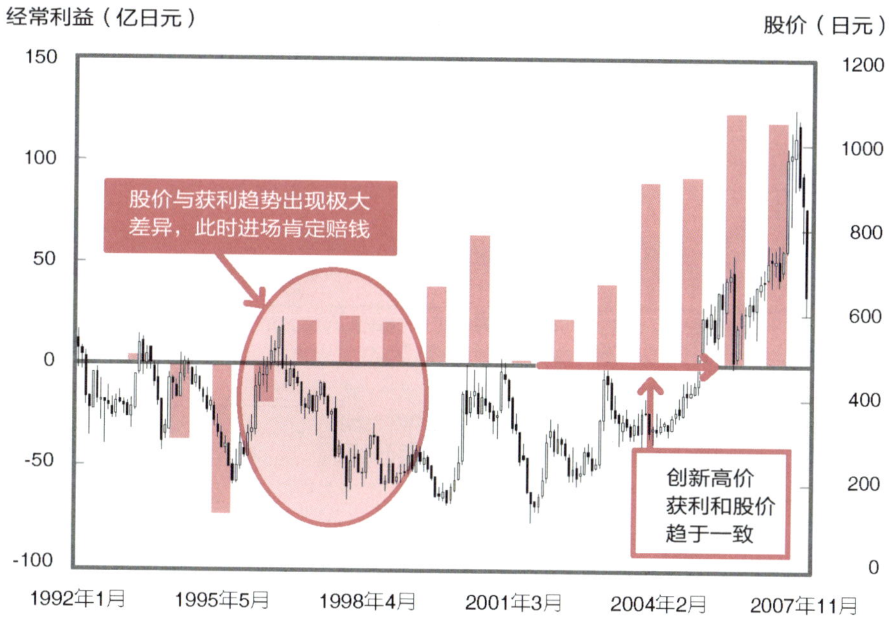

你永远不会知道底部在哪

有些投资专家鼓励散户“逮到股价底部”，这是一种效率极差又无法获利的投资法，因为投资者是基于“公司获利变好，股价就会上涨”的理由购买股票，当股价落到底部，有时会立刻反映获利的好坏（涨上去或跌更惨），有时则会延迟。投资者即使知道某家公司获利即将好转，也无从得知获利带动股价上扬的确切时间点，想用这个方法投资获利，要有长期抗战的心理准备。股价跌到谷底的公司，通常获利进一步恶化的概率极高，在这种情况下，“逮到底部”反而会蒙受极大损失。

图表 2-10 股价落底，晚于获利谷底

■ 松田产业的月K线图及获利

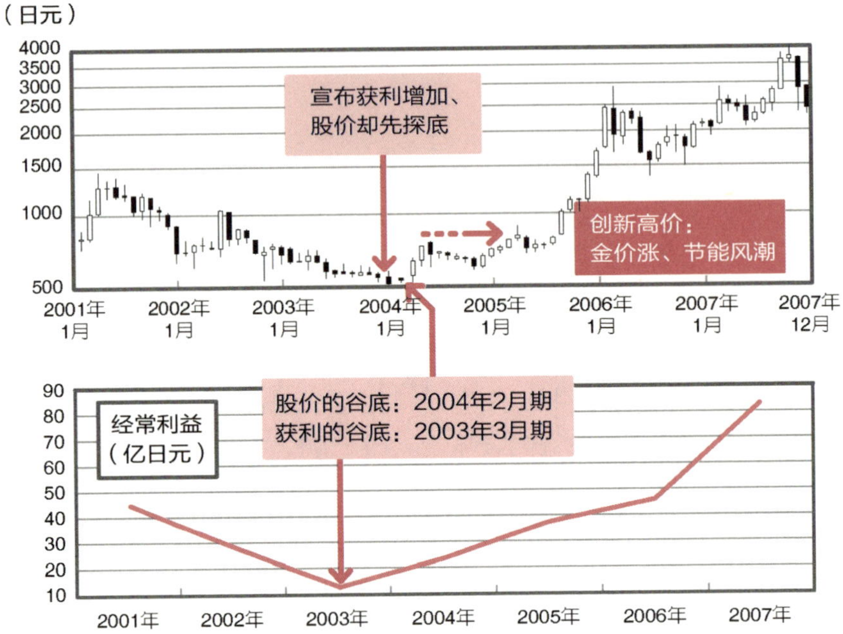

说明：获利的2001意指2001年3月期；月K线图是对数。

我们来看股价落底和获利低点不一致的例子。图表2-10是松田产业的月K线图及获利（各年度的经常利益）对照表，该公司的获利在2003年3月期跌至谷底。松田产业专门回收使用在电子机器等制品上的贵金属，颇具规模，由于金价上涨，回收的贵金属价值也跟着水涨船高，因此该公司在2003年9月期宣布经常利益比前年同期增加了90%。然而该公司的股价却旋即下跌，并于2004年2月跌至谷底，直到2005年3月股价创新高后，在金价上涨及节能风潮的影响下，该公司的股价及获利才都双

双顺利成长。

相反地，也有股价比获利更早探底的例子，丸悦公司便是其中一例。丸悦公司是日本首都圈极具代表性的超级市场，不同于其他公司，它在2007年以来的全球经济不景气时期，断然采取裁员措施，结果当其他零售业者获利都下滑时，该公司却因为裁员确保获利成长，在一片下跌的日经平均指数中，股价一枝独秀。

下面的图表2-11显示出该公司各年度上半期及下半期的获利。根

图表 2-11 股价落底，早于获利入谷底

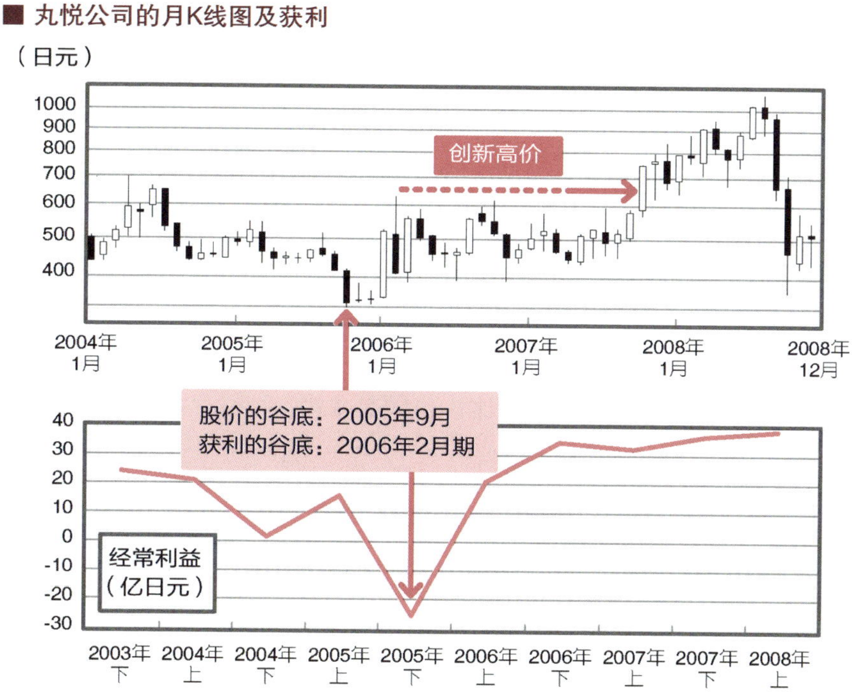

说明：上、下是指半年期的获利；月 K 线图是对数。

据图表，获利谷底落在2006年2月期，这是该公司第一次出现经常账赤字，股价则在更早的2005年9月就跌至谷底了。

选在创新高价时进场，就会赚

多数投资者都觉得“在股价创新高时买进很可怕，希望能买得便宜点”。会这么想固然是人之常情，但仔细观察股市就会知道，聪明的投资者都选在股价新高时买进。

图表2-12呈现出在2005年8月时，三井不动产受到景气好转及不动产投资信托基金（REITs）市场扩张的影响，股价创新高时的情况。如同股票市场是让公司能够以股票的形式持有及流通的结构一样，REITs是让不动产变成可以用证券形式来投资的工具，对业界而言，这是划时代的创举。

图表2-12上方是月K线图（2001—2007年），中间则是日K线图（2005年6—9月）。从月K线图可知，该公司自2004年4月创下1394日元的高价后，股价一直持平，直到2005年8月再创新高。我们从日K线图来看当时的成交量，可知股价再创新高的当天，成交量高达1451万股。之后的成交量和股价再创新高前相比，也颇具水准。

也就是说，自从股价再创新高之后，成交量就增加了。这代表少数聪明的投资者注意到该股并积极购进股票。或许你会认为：“成交量变这么大，表示很多人都知道这只股票的好处，这下子利多消息应该出尽了吧？”但这种想法是错的，无论该股的成交量多大，从股市的整体成交量来看，也只有一小撮投资者注意到这只股票而已。

在标的开始受欢迎的时间点买股，才是最有效率的投资法。也就是

图表 2-12 **股价创新高就会开始往上飙**

■ 三井不动产的股价走势及成交量

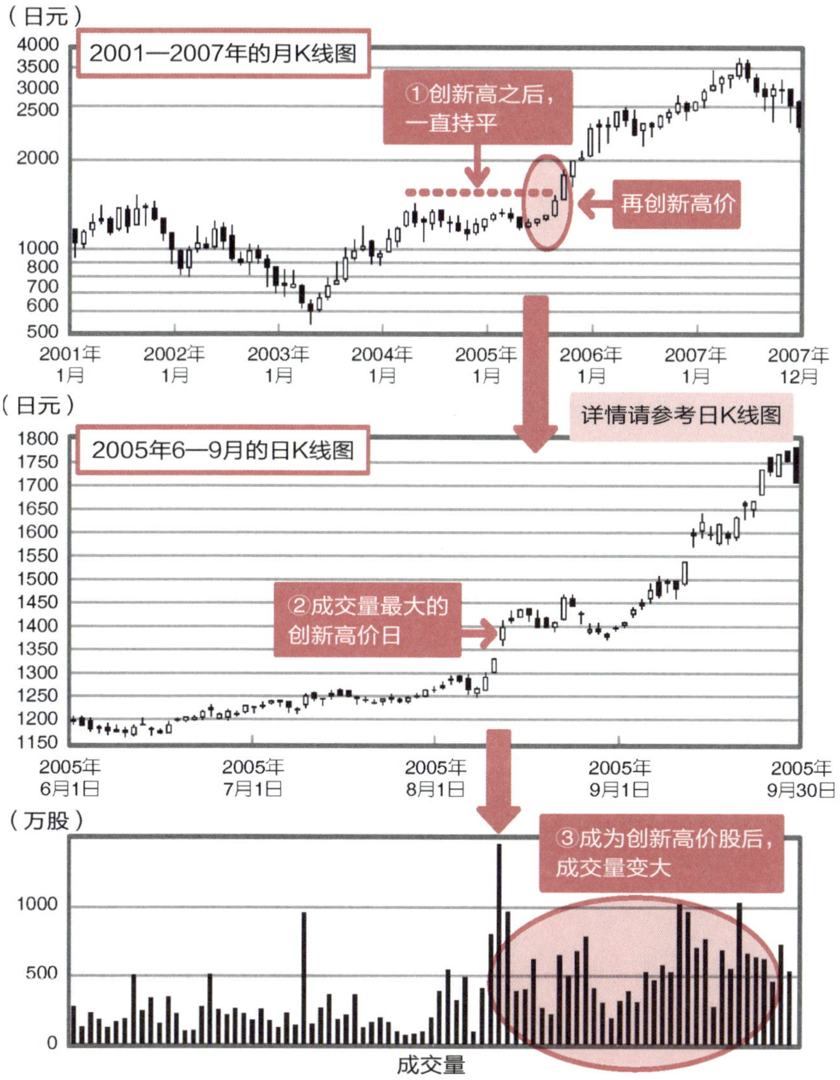

说，创新高价时就是买进股票的好时机。想要成为获利的投资者，千万别忘了这一点。

获利重点

◎无法创新高价的股票即使获利成长，股价仍可能长期在谷底波动。

◎虽说人人都想捡便宜，但聪明的投资者会选在创新高价时才进场。

4 读出K线图上的飙涨能量

要练到一眼看出“这只股票今天创新高价了！”需多看股价走势图，因为股价的走势有很多种。第一步是了解股价的基本走势。

创新高价股的特质：股价平稳

你或许以为：“只要看K线，从中找到股价突破过去两年多来新高的标的，就可以找到股价创新高的股票了吧？这还不简单！”这么说一点也没错。然而一旦你开始找，就会发现一点也不好找。不过，懂得基本原则，就不会那么难了。

首先，你要了解“创新高的股价”走势基本型，参见第53页图表2-13。创新高价的本质就是破坏稳定状态；稳定是指股价进入平稳期、在走势图上只有微小起伏的状态。

当你看到“破坏稳定状态”，可能会觉得“怎么跟我理解的差那么多”，但会这么想，绝对不是理解力有问题，而是充分了解前文内容的关系。

我们再复习一次创新高价的定义。创下“史上最高价”是指突破过去的最高价格，而创下“近年来高价”是指突破近年来高价。定义就这两句话而已，完全没提到“稳定”二字。那么，“稳定”二字为什么会是创新高股的本质？下面具体论述。

平稳期，是在蓄积飙涨能量

如果把股价上涨期的走势分成两大类，则可以分成：

①稳定状态

②暴涨期

也就是说，股价会经历一段稳定期，才突然大幅上涨，另一方面上涨到某个程度后，也会再度进入稳定期，这就是股票的习性。股票不会像手扶梯那样缓缓上升，而是上升一阶后休息一下，再上升一阶后再休息，呈阶梯状上升。

图表2–13画了一条朝右上方上升的虚线，这条虚线代表“股价正确反映基本面时的走势”。当企业获利每年都成长时，照理说股价也应该每年上涨才对；然而股市有自己的规则，当市场买气集中在其他类股，或是获利虽然增加，却因成长率低失去投资者的关注时，股价便会持续低迷。

然而长期下来，股票应有的价值和目前的股价之间，将产生极大的落差。这时企业获利一旦大幅增加，在投资者的关注下，股价便会一口气暴涨到原本应有的水准。突然受到关注的股票会毫无止境地飙涨，有时甚至超过应有的水准。读到这里，你应该了解新高价与股价平稳期之间不可分割的关系了吧——突破过去的高价、创下新高价，使股价从原本的平稳期进入暴涨期。

图表 2-13 **大涨信号：要有蓄积飙涨能量的平稳期**

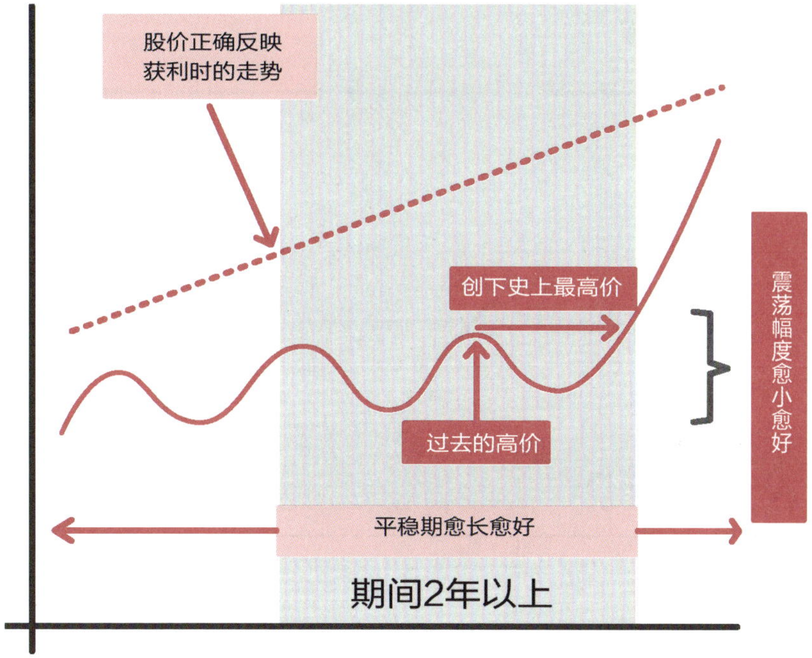

当平稳期愈长、股价波动愈缓慢，就会累积愈多潜在的上涨能量。因为平稳期愈长，表示股价愈背离原本的上升斜线；股价的震荡幅度愈小，表示愈多的上涨能量未被消耗。

图表2-14是贝亲公司（按：日本最大育儿用品公司）的股价走势图。该公司从2004年6月至2008年6月的4年间都处于股价平稳期。经常利益从2004年1月期的25亿日元，增加至2008年1月期的32亿日元，成长了大约27%，股价却呈现持平状态，这种背离现象之后将转化为股价暴涨的能量。还有，红线框起来的股价平稳期和暴涨期相比，K线部分较短，这表示价格变动较为缓慢。

图表 2-14 **基本型范例：累积飙涨的能量**

■ 贝亲公司的月K线图

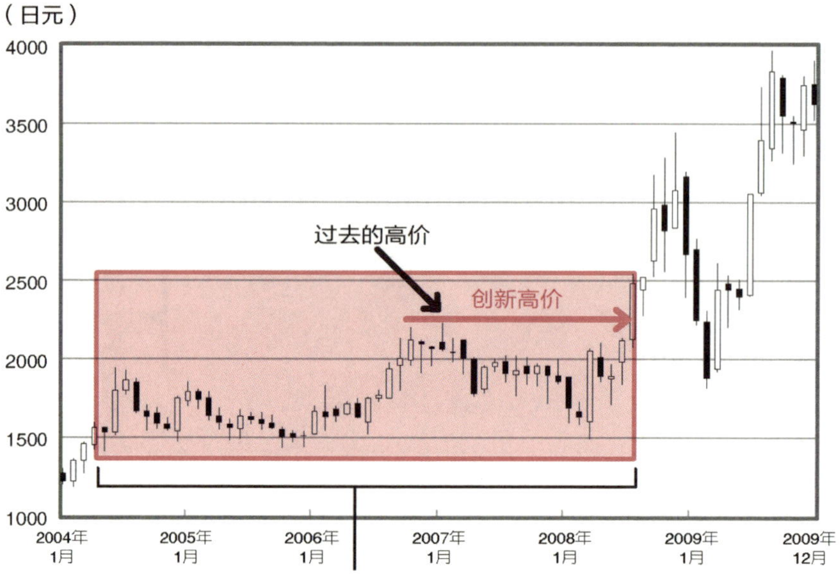

大涨信号：反弹幅度达六成

如果现实生活中股价走势图都是基本型就好了，但世上可没这么好的事。请回想学生时代的考试题目，很少会直接出基本题型，大多是应用题吧。股价走势图也多是应用类型。这个世界任何事情都有可能发生，而企业的获利及投资者对该企业的态度也会随之改变，这些复杂的变化都会呈现在股价走势图上。

股价走势图的应用型，主要有两大类型，我们就用下面两个例子一起学习！

〔应用型1〕

图表2-15是应用型的第一种类型。和基本型相比，股价平稳期较短，同时出现极大的上升行情时，股价往往会像这样在中间进入一小段平稳期。三菱商事就是这种典型的反弹股，其股价从2003年4月的678日元开始上涨，并在2006年进入股价平稳期。这段平稳期非常短暂，如同图表中的红线所示，在2007年5月看到了最后的买股信号（创近年新高）。

图表 2-15 **第一种应用型：暴涨之后短暂（1~2年）进入平稳期**

■ 三菱商事的月K线图

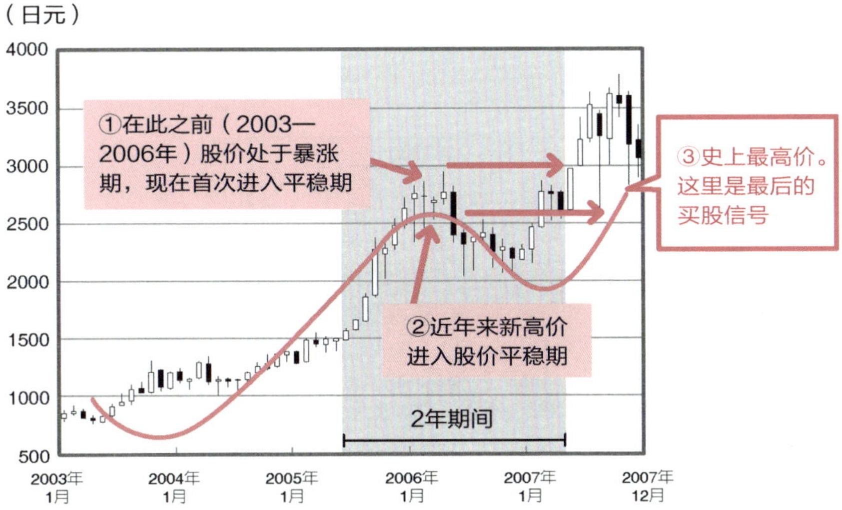

说明：网底部分是从创新高价日开始，往回追溯2年的期间。

〔应用型2〕

图表2-16是第二种应用型。股价在涨至顶点后开始下跌，接着进入股价平稳期，之后再次突破平稳期的时候，便是进场买股的时机了。应用型2和应用型1一样，股价平稳期非常短暂（1年），走势却比应用型1复杂许多，因此有几点必须特别注意。

首先我要说明“反弹”的定义。当一只股票从800日元跌到500日元时，跌幅是300日元。当股价从500日元涨回700日元时，上涨的200日元就是反弹。相对于跌幅300日元，反弹的幅度是三分之二，也就是66.6%。

图表2-16的股价走势图（应用型2）有两大重点：

图表2-16 第二种应用型：跌幅不深，反弹强劲

■ 爱捷是的月K线图

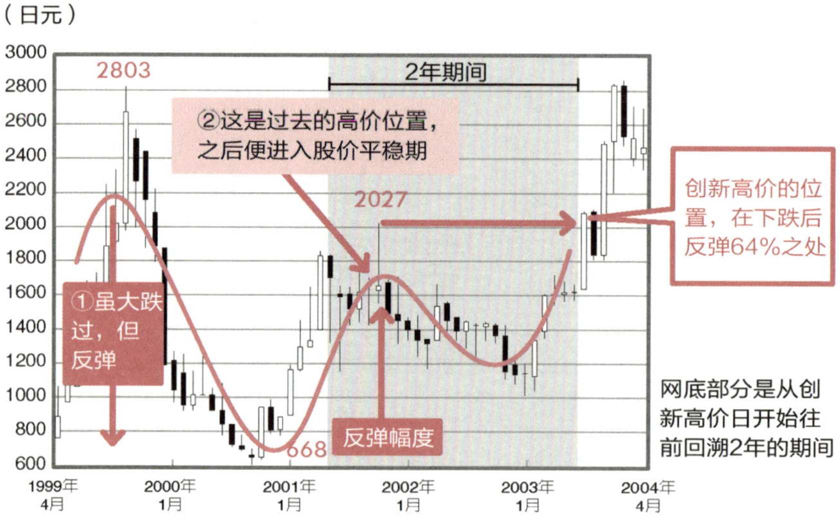

第一，这是一只从股价顶点来看，跌幅不大的股票。相反地，从最高价跌幅愈大的标的，股价走势图就会愈偏离基本型。一般而言，当股价从顶点下跌超过一半时，这档股票很难回到原有价格（像应用型2那样再创新高价的标的，相当少见）。

第二，这是一只反弹幅度极大的标的股。具体来说，反弹至创新高价的幅度，最好能达到跌幅的六成以上。

这两点所要表达的重点其实是一样的，都是指在愈高位置发现买股信号，愈能带来获利效果。

图表2–16为爱捷是公司（按：日本市占率第一的专业盘点公司，在中国台湾设有分公司）的走势图，该公司在1999年创下2803日元的高价后，股价在2000年跌到668日元（跌幅是2135日元），然后在2001年反弹回到2027日元（反弹幅度是1359日元），算起来反弹幅度高达64%。当个股突破反弹高价时，就是进场的时机点。

> 买股公式2:
>
> **“近年来高价”的出现位置非常重要，应以反弹幅度达到六成以上为目标。**

反弹力道代表企业竞争力

说到这里，你应该能够分辨假的反弹信号了吧。图表2–17列举出两种“假反弹股”的股价走势图。图1完全没有股价平稳期，因此没有可成为标记的史上最高价，自然也没有所谓的“创新高价”；图2则是反

图表2–17 **假的反弹信号：没有股价平稳期或反弹不高**

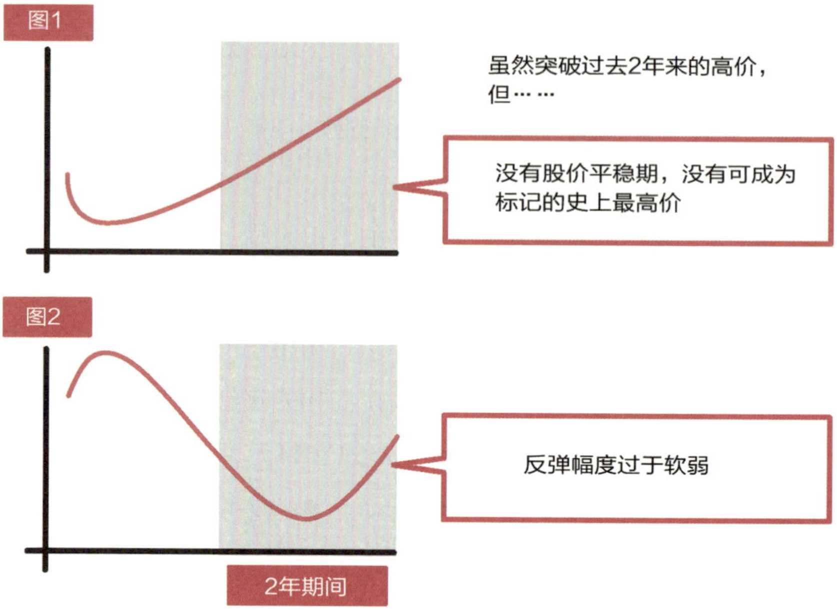

弹幅度太小了。

图表2–18列举了假的反弹信号实例。图表2–18上图的日本信号公司（按：日本号志机制造商龙头）在2009年6月创下过去两年来（从2007年7月起算到2009年6月）的新高价。该公司的股价虽然在这段时间创下新高，但股价走势图里既看不到平稳期，也没有可成为标记的史上最高价。

如果你用选股软件搜寻“过去两年曾创新高价的标的”时，会跑出许多符合条件的个股，可是要在软件里设定平稳期需要高超技术，亲眼看线图确认，是最不会出差错的方式。

图表2-18 假的反弹信号实例

■ 日本信号的月K线图

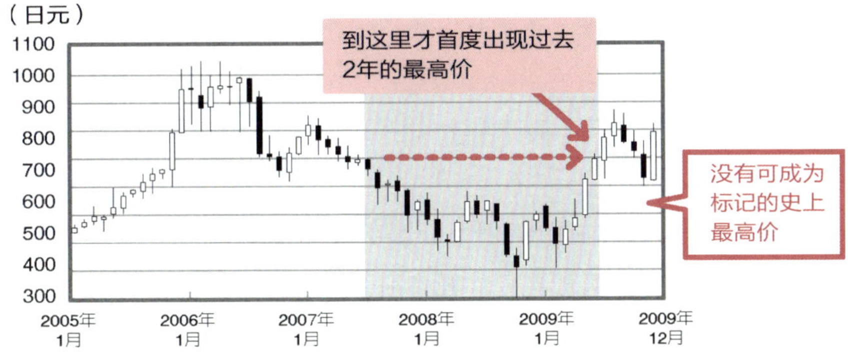

■ COLOWIDE的月K线图

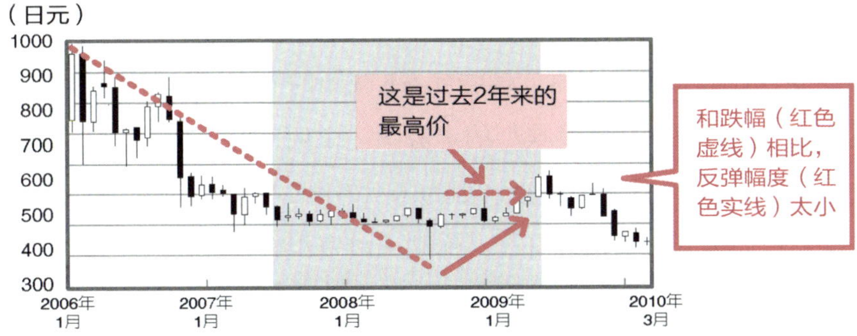

说明：网底部分是从创新高价日开始回溯2年的期间。

图表2-18下图的COLOWIDE（按：日本餐饮集团）虽有股价平稳期，但反弹幅度过小。这只股票从2006年1月的最高价1098日元一路跌至2008年10月的390日元新低后，于2009年3月回到599日元。虽说突破过去两年来的高价就是创新高价，但反弹幅度只有30%。

股价低代表获利差，也意味着企业竞争力恢复迟缓。就基本面来看，经常利益由2006年3月期的39亿日元减少至2009年3月期的15亿日元，光凭这一点我就不可能买这只股票。但即使不进一步调查公司获利，光看股价走势图也能发觉该公司获利恶化。

你需要的情报，网络上都查得到

如果有网页能把过去两年创下新高价的个股做成一览表就太方便了，可惜目前没有这种网页，投资者必须一一看走势图筛选。

或许有人会觉得这种方式很麻烦，但这是磨炼投资之道的绝佳办法。要设计出会自动选股的程式并不容易，因此这种近乎土法炼钢的筛选方式，对擅长写程式的散户及法人未必很方便，但只要学会，赢面就会比别人大。

想要精通股票投资之道，请磨炼看K线图的能力。本书所举的应用型及假反弹股的范例，都是典型的走势图。举例来说，如果有一只股票股价突破了1年10个月来的新高，因为未满2年，本来并不符合创新高价的定义，但如果其他条件都符合，你纳入投资组合也无妨。不过，如果上一次创下最高价的时间点已经超过10年，就不必考虑了。

此外，有些标的没有明显的股价平稳期；还有，虽说股价在平稳期间的波动幅度愈小愈好，但无法用明确的数字来定义。所以，最好的方法就是多看走势图，每天分析“这只股票的反弹走势是真是假”，才是最有效的学习方法。

现实生活中的股价走势图形形色色，当无法做出正确判断时，请回到基本走势图，比较它和本节介绍的基本型及应用型有何差异，就是判断的依据。

获利重点

◎理想的创新高价股是突破股价平稳期的标的；股价平稳期愈长、波动幅度愈小愈好。

◎在长期的股价走势图中，创新高价的出现位置愈高，投资获利的概率就愈高。

5 退潮时，看穿谁在裸泳、谁要冲锋

假设股市即将进入上升行情，那么哪只股票会成为主力股？分析以往大盘指数跌到谷底时的情况，我发现反弹股都具备相同的特征。引领下一波上升行情的主角们，早就开始进场了。

股市的特性本来就是有涨有跌，不管怎么跌，总有一天一定会翻转上涨，到那时，哪只股票会变成最活跃的明星呢？现在就能看到征兆吗？本节就要回答上述问题。

在回答之前，读者要先了解何谓“股市跌至谷底”，想必很多人认为那是指“大盘指数已经止住跌势，开始回升”吧。这个答案固然正确，但只解释了其中一个面向而已。

跌到谷底，主力股会“轮替”

股市指数暴跌至谷底，跟创新高价一样，也意味着新时代即将来临。新时代会出现新的主角（个股）。当行情来到最低点时，下一波上涨的股票，不会是一路下跌至谷底的标的，而是另一只引领下一个时代振翅高飞的股票。换句话说，所谓的行情最低点，是指购买引领新行情的股票的势力，力道开始大于抛售一路下跌的主力标的的势力，亦即主

图表 2-19 主力股会在行情最低点时轮替

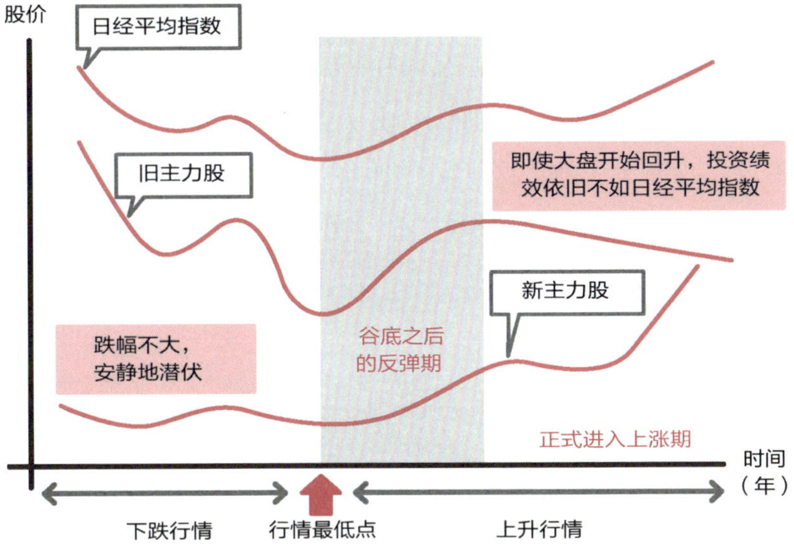

力股发生轮替的时期。

请参照图表2-19，最上面的曲线是日经平均指数的走势，下面两条曲线分别是两只个股的走势。X轴上虽未标示时间长度，但这张图表的时间单位是年。

日经平均指数曲线下面的那一条曲线，是大盘的旧主力股，当日经平均指数下跌，这些主力股也跟着跌，跌幅有时高于日经平均指数，有时则较低。但无论如何，很多标的都出现相似的下跌走势，当下跌标的变多，指数当然就会下跌。

相形之下，新主力股（图表2-19最下面的一条曲线）为数不多，而且股价在下跌行情里跌幅也不大，然而当日经平均指数开始走扬，这只股票立即摇身一变，成为新时代的主力股，股价迅速上涨。

你有一点必须注意，就是股价跌至谷底后会产生反弹。当市场全都陷入悲观，股价就会跌到谷底，有时跌幅超过应有的程度。因此，每只股票都会在行情跌至谷底后反弹上涨，尤其是跌幅过高的股票，反弹幅度会愈大。通常反弹标的大幅上涨的情况，会出现在大盘指数上升行情的初期（在图表2–19里，网底部分就是大盘跌到谷底后的反弹期）。

不过，我们无法确定这段反弹期将持续多久，很可能只是昙花一现。所以就投资策略而言，最好把重心放在可预期会有长期上涨趋势的新时代主力股上。

曾经大涨，就很难大涨了

新时代会出现新的主力股，带头下跌的旧主力并不会在下一个阶段重展雄风。当图表2–19的旧主力股遇到真正的上升行情时，可能会像图表里的曲线那样转而下跌，或即便股价上涨，涨幅顶多和日经平均指数一样而已。

我以第66页的图表2–20来说明，村田制作所（按：日本电子零件专业制造厂）是2000年前网络热潮的主力股，在1998—1999年期间，股价上涨了8倍，其后在网络泡沫化后股价惨跌，2003年日经平均指数跌至谷底时，它也跟着跌至谷底。然而日经平均指数在2003年从谷底开始翻转后，这只股票涨幅虽与大盘相同，然而一旦失去引领行情的地位，就再也无法重回宝座了。也就是说，当一只股票在投资者的心中留下“这只股票曾经大涨”的印象，就不会再那样大涨了。

为什么旧主力股无法重展雄风？从支撑股价上涨的时代背景来思考，一点也不难理解。当年的背景是网络热潮引爆移动电话及网络的普及化，如果科技类股要在2003年起的全球股价上涨潮中重返主力股地位，必须研发出超越移动电话及网络的新技术席卷全球才行。2000年前后发明的网络科技是数十年来仅见的技术革新，那种进步并非经常可见。

我们回头来看村田制作所的获利。原本在1999年3月期，经常利益仅有616亿日元，到了两年后的2001年3月，便急速增加至1739亿日元。但网络泡沫破灭的隔年2002年3月，经常利益减少至524亿日元。之后因景气好转，获利一度回升，但2008年3月期的经常利益也只有1218亿日元，只剩下网络时代的七成。

与此同时，村田制作所的股价表现如何？日经平均指数跌到谷底后的反弹期间，这只股票在最初的4个多月，曾经从最低价短暂回升了75%，也就是图表2-20条柱状网底的部分。如果能在这段时间逢低买进并在最高价时卖出的话，当然再好不过，但实际上，想要精确掌握到最低价和最高价并非易事。村田制作所从反弹期的高价到2007年的最高价，只上涨了35%。对照日经平均指数自2003年以来已上涨两倍，可以看出在新时代还是投资新的主力股，才是有效率的投资。

同样情况也发生在美国的微软身上。微软在网络泡沫化之前可说是时代宠儿，股价从1995年到1999年的高点，共上涨了16倍。但自从网络泡沫化后，该公司的股价表现并不理想。即使美国道琼斯工业指数从2000年的11000点左右上涨至2007年的14000点，微软股价也只回到1999年最高价的六成而已。

注：经常利益（orodinary income）是指普通所得或通常收入；不是经常利润（ordinary profit）。经常利益指营业利益加减营业外损益的利益，指的是公司通常 事业活动取得的利益获得力。经常利益=营业利益+营业外损益；营业外损益=营业外收益-营业外费用。

图表 2-20 旧主力：即使行情反转，也无法败部复活

■ 村田制作所的月K线图

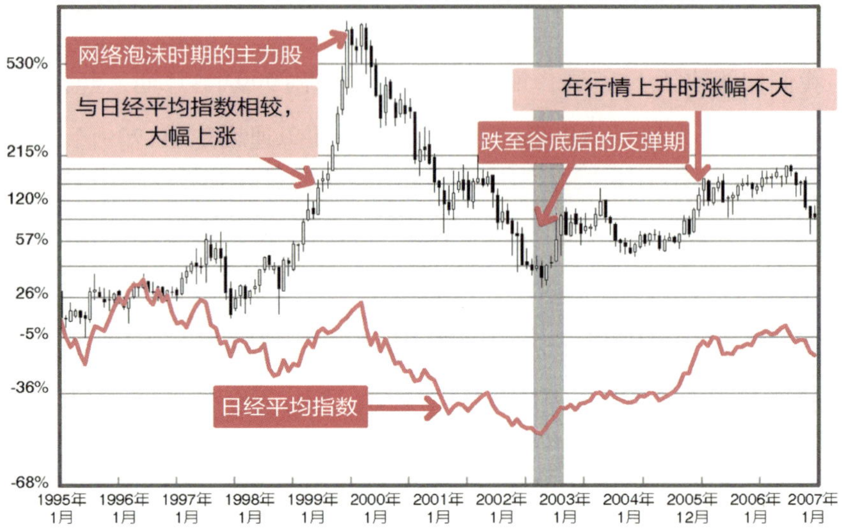

说明：股价以1995年1月为基准来指数化的结果。

大涨的信号：大盘大跌我不跌，反涨

反弹股几乎都是静悄悄地藏在下跌行情里，如同图表2-19的新主力股，在日经平均指数下跌时，不是跌幅极小就是维持相同的股价，有的反弹股甚至逆势上涨，没有随着日经平均指数下跌。

典型例子就是图表2-21的奥林巴斯（Olympus，精于光学与成像的日本企业）。虽然日经平均指数在千禧年的网络泡沫化之后跌掉大约60%（2003年4月的谷底），但奥林巴斯的股价在那段期间几乎没有下跌，一直持平波动，因此和日经平均指数相比成长了60%。当日经平均

图表 2-21 新主力：大盘走跌还能逆势上扬

■ 奥林巴斯的月K线图

说明：股价以2000年1月为基准来指数化的结果。

指数跌至谷底后，该股又在同年5月创下新高价。也就是说，当日经平均指数徘徊在新低价位时，该股却创下史上最高价，在3个月内上涨了50%。

对照奥林巴斯的获利情况，股价创新高时，该公司的收益（2003年3月期上半期），与前一年同期相比增加了120%。在网络泡沫化后，当多数公司都因获利锐减而陷入困境时，奥林巴斯依旧维持亮眼的获利。

在大盘持续走跌下还能逆势上扬的股票，通常可以维持住涨势。就拿海运类股来说，尽管日经平均指数自2000年以来已下跌六成，但图表2-22的川崎汽船（按：日本前三大海运公司之一）却在指数跌至谷底的半年前开始逆势上涨，然后又在指数跌到谷底的2个月前创新高价，涨至2002年最低价时的2倍。

该股最后在2007年涨到最高点，是最低价时的12倍之多。与此同时，公司获利表现也同样亮眼，原本2002年3月期的经常利益只有120亿日元，到了2008年3月期已经成长超过9倍，达到1259亿日元，就是这样的股票才能逆势上涨。

图表 2-22 大涨信号：在下跌行情中能逆势上涨

■ 川崎汽船的月K线图

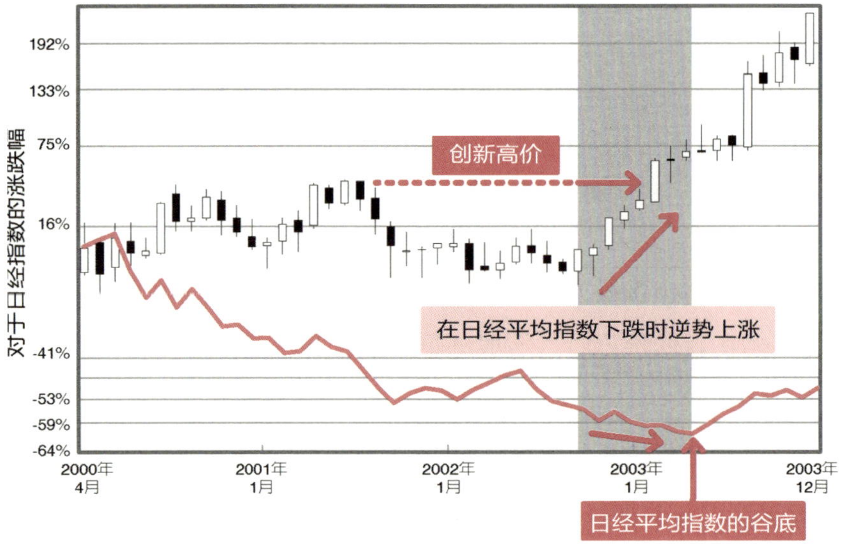

说明：股价是以2000年1月为基准来指数化的结果。

愈早创新高价，后势愈可期

图表2-23是我调查2003年到2008年间，日本市值前50大企业的股价何时会创新高价，以及从新高价到后来的最高价又上涨了多少所制作的图表。市值前50大企业，共占东京证券交易所整体市值近五成，足以代表全日本（但图表2-23的前50大企业中，有3家是新成立的公司，所以实际上我只调查了47个标的）。

为方便各位理解，我在图表上加上一条近似整体倾向的直线。从图表可知，愈早创新高价的股票，之后上涨率愈高。愈早创新高价的股票，基本面愈好。早一点创新高价的股票，相较于晚一点才创新高价的

图表 2-23 **愈早创新高价，未来涨幅更大**

■ “创新高价的时间点”到“涨至最高点”之间的涨幅（市值前50大企业）

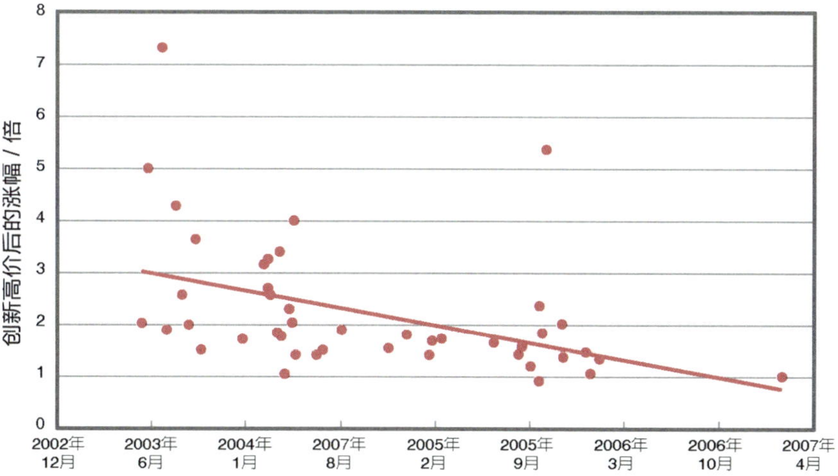

股票，在之后的上升行情中受到市场瞩目的时间较长，且股价的上升期也较持久，能带来较高的上涨率。

遇到下跌行情时，大多数的股票都会一起跌，只有少数股票跌势较轻微，未来的反弹股就在这里面。当市场转为上升行情时，抢先创新高价的股票将获得更高的收益。在2007年的下跌行情中，有些个股的股价走势呈现持平或上涨，此时便能从中找出下一波的反弹股。

光靠一两只龙头股还无法带动大盘上扬，但等到这样的股票累积到一定数量，就是大行情的起点了。

获利重点

◎新旧主力股会在行情谷底“轮替”，新主力将是下跌行情中跌幅较低的股票。

◎当大盘跌到谷底后，抢先创新高价的股票，之后的涨幅也会比较大。

6 大盘看涨或看跌？马上算给你看

大盘指数的走势会左右个别股票的未来动向，但至今仍无一种有效方法，可以预测行情的强弱。不过，只要聚焦于创新高价股，连大盘的上涨力道也能马上找到答案。

如果大盘的涨跌对投资成果毫无影响，投资者大可不必理会一切预测市场走向的论述；但很遗憾，大盘涨跌对投资结果有着巨大的影响。

关于这一点，我将从投资成功的概率来解说。本书的投资方式（锁定创新高价股）在上升行情出现时将有60%以上的成功概率，若是遇到暴涨行情，成功率甚至高达80%；但如果出现下跌行情，成功率则会降至20%左右。

虽然我说“在上升行情出现时将有60%的投资成功率”，但事实上，成功率会受到行情强弱的影响，所以个股的投资成功概率，会因为大盘的强劲与否，在20%～80%之间波动。

或许你会觉得：“成功概率差距这么大，我不敢投资。”这可能是被我“投资成功概率在20%～80%之间波动”的说法所误导，其实长期来看，大盘处于下跌行情的期间只占整体股市不到两成，而且很少有个股能在大盘下跌期间创新高价。换句话说，只要锁定创新高价股进行投资，实际上成功的概率很高——当然，最重要的前提是要关心足以左右个股命运的市场动向。

有投资界鬼才之称的威廉·欧尼尔的著作《笑傲股市》，曾创下美国投资理财书籍最大发行量的纪录。他在书中表示："知道市场何时涨至高点或何时跌到谷底，占这个复杂游戏成功概率的50%。"从这个观点来看，我在本节说明的公式非常重要，本书有一半的价值全都取决于这条公式。

或许有人认为："无论怎么认真学习买股和卖股信号，当股市大跌时，一切都是枉然。"但这也是没办法的事。

我们即使出生在贫困的环境中，只要努力就能完成学业，就有机会从事令人敬重的工作，但如果是出生在非洲的发展中国家，很可能再努力也很难改善生活。我举这个例子，是为了说明比起个人的努力，环境对个人的影响更大。

以当冲交易这种极短期的交易来说，很容易被视为与大盘的中期走势无关，但实际上在上升行情期间，买进的交易虽可带来极大获利，提早卖出却会造成损失。不受行情影响的当冲交易都这样了，何况是中长期投资股票，个股涨跌更是深受行情影响。

掌握创新高价股，就能预测大盘涨跌

那么，投资者该如何预测日后的行情上涨力道？今后大盘是下跌还是上升？如果是上升，涨势是一路飙涨还是虎头蛇尾？该如何判断？习惯只用技术面分析大盘的人，可能会认为"根本没有方法能提高预测准度"。其实想提升预测准度，必须了解上升行情的本质，而其中关键就在创新高价股上。

如同前面所述，当市场处于上升行情时，并非所有的股票都会同时上涨，而是在创新高价股的带动下上涨。因此，计算出带动行情走势的个股数量，就能断定行情上涨的能量。

我的投资策略是购买创新高价股，但因为创新高价股根本就不会出现在下跌行情中，所以下跌行情里没有可购买的标的。既然不买股票就不必担心损失，也就没必要畏惧下跌行情。这就是购买创新高价股的最大优点。相形之下，鼓吹投资者要“逮到底部”的投资法，则是以股价下跌为理由建议投资者购买，这么做很可能因为股价下跌之后继续狂跌，而使投资者陷入亏损增加的风险中。

另一方面，当大盘出现暴涨行情时，每天都会出现很多创新高价股。因为整体股市上扬，即便在选股时犯下一些疏失，也不至于造成损失。只要能按照获利公式购买股票，股价在短期间内暴涨数倍，也是平常的事。

你可能会安心地想：“如果大盘下跌不必担心亏损、大盘飙涨时又可大大获利，就没得抱怨了。”话虽如此，但有一点你必须特别注意，那就是“上涨力道不足”的行情。因为如果上涨力道不足，依然会出现创新高价股，但问题是购买股票后，市场会在短期内转升为跌，并连带影响到你买进的股票出现账面亏损。因此，该如何避开这种大盘上涨力道不足的情况，就是本节重点。

在这种时候，请特别注意创新高价股的数量。也就是说，创新高价股愈多，市场的整体上涨力道就愈强。上升行情会因上涨力道的强弱而出现两种情况，请参照图表2-24。

情况一：创新高价股多，代表行情走势上扬。如果上涨行情持续一年以上，就有较多机会积极买进不同标的，获利自然不少。

图表 2-24 **创新高价股愈多，上涨力道就愈强**

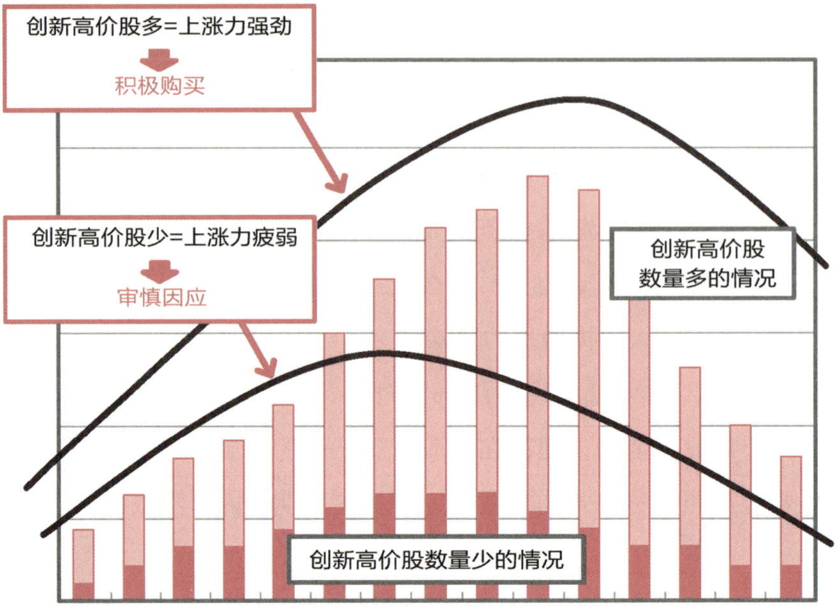

情况二：创新高价股少，涨势很快就终结。在大盘指数疲弱的情况下，投资个股难以获利，必须慎重考虑是否进场。

首先，算出“创新高价股数量比”

将上述概念化为公式，就是“创新高价股数量比”。这个比例必须每天计算。

关于此比例的应用方式，我将对照日经平均指数的实际走势具体说明。请参考2001年以后的日经平均指数走势及创新高价股数量比的变化

过去一年来创新高价股的数量

$$创新高价股数量比＝\frac{过去一年来创新高价股的数量大盘}{所有股票数量}（\%）$$

（比例数字以每10日的平均值来表示），以下我依照时期，分成两个图表来解释。

①2001年1月—2005年4月（见图表2-25）

图表2-25由股价下跌期（前半）和上涨期（后半）所构成。如图所示，股价下跌期间，创新高价股数量极少，直到上涨期时才开始增加。

请注意2003年4月日经平均指数跌至谷底7607点的时间点。在指数跌至谷底前，创新高价股的数量已开始增加，这是值得关注的事实。

日经平均指数明明创下泡沫破灭14年来的最低价，突破过去1年来高价的个股数量反而增加了，真是令人惊讶。如果所有的股票都随着日经平均指数涨跌的话，不应该出现这种情况。这表示行情已偷偷转向，未来的涨势开始起跑了。

当日经平均指数在2003年4月跌至谷底后，创新高价股数量比便开始急速成长，可见这些创新高价股，就是日经平均指数上涨的原动力。

②2005年5月—2008年10月（见图表2-26）

创新高价股数量增加、日经平均指数上涨力道强劲的情况，一直持续到2006年4月（来到17563点），之后行情进入平稳期。2007年日经平均指数虽然创下新高，但创新高价股数量比却陷入低迷；也就是说，带领行情上涨的标的不多。

出现比例低迷的状况，表示即使市场行情上涨，如果欠缺带动行情的个股，上涨力道也难以为继。日经平均指数在2007年7月攀至最高点

图表 2-25 大涨信号：创新高价股数开始增加

■ 日经平均指数及创新高价股数量比的变化（2001年1月—2005年4月）

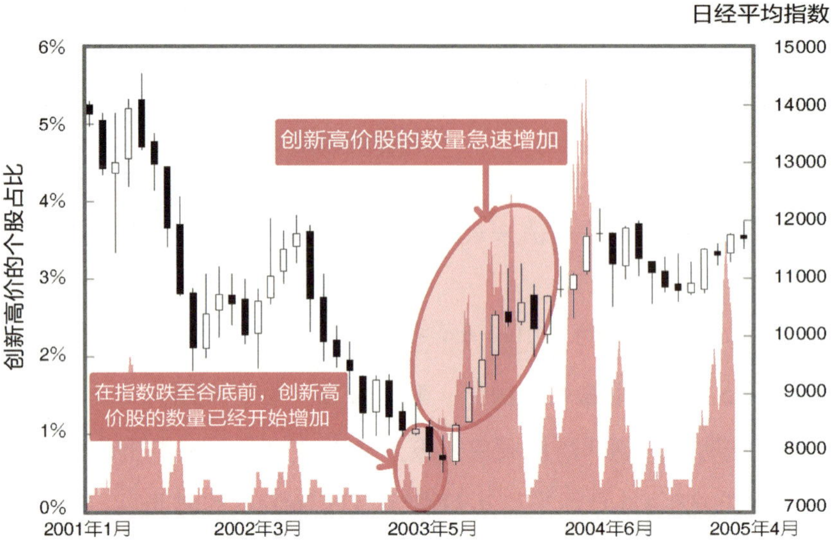

图表 2-26 创新高价股数量少，上涨动能就会小

■ 日经平均指数及创新高价股数量比的变化（2005年5月—2008年10月）

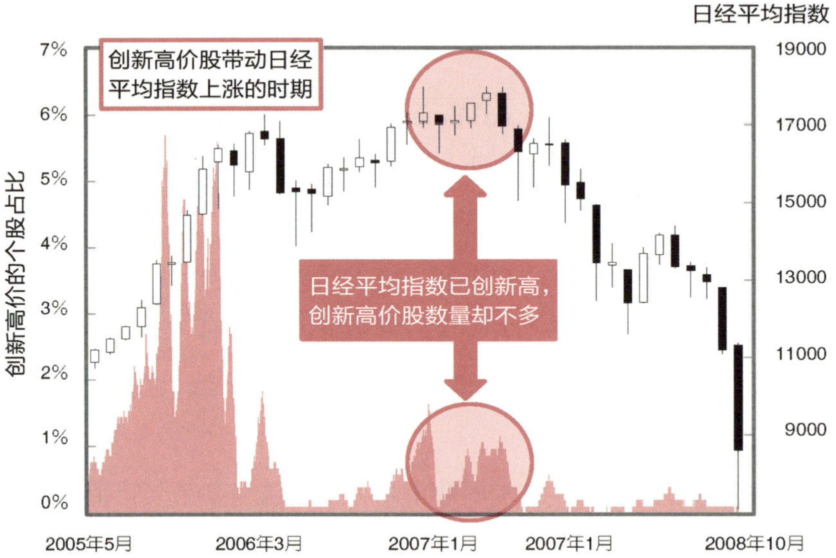

后，出现百年不遇的暴跌。这段时间的创新高价股数量比，自然也持续低迷。

上述内容可汇整成以下公式：

> **预测大盘涨势的公式：**
>
> **借由创新高价股数量比，来推测行情涨势的强弱。**
>
> **比例低，行情涨势薄弱；比例高，行情涨势强劲。**

运用“创新高价股数量比”时，你可能会提出以下两个疑问。

①有没有“占比超过多少，股市就会大涨”的基准点？

“创新高价股数量比”的数值愈大，代表市场上创新高价股数量愈多，出现上涨行情的机会就愈大，对此常有人问我：“能不能给我一个数字，能立刻断定股市一定会大涨呢？”很遗憾，并没有，在这种时候企图“套公式”将非常危险。

在股票的技术面分析上，设定基准值通常结果会不如预期。例如涨跌比例（一定期间内的上涨个股数量总和，除以下跌个股数量总和得到的数字，一般以25天为期）虽可用来预测市场高低点，但一般大家认定的“涨跌比超过120%就算行情高点”其实不足为凭。如果按此标准，在涨跌个股数量比达到120%时卖出股票，很可能是提前脱手还会再上涨的股票。创新高价股数量比的数字，也是在上升行情中高高低低、不断变动的。

用创新高价股的数量占比来分析行情上涨力，关键在于参照图表2-25及图表2-26，深入研究过去大盘走势与创新高价股数量之间的变化。

②为什么是“创下过去一年来高价”？

真正的创新高价股必须是“突破股价平稳期”的个股，要确认这一点只能一一检视股价走势图。但这里只计算股价创下过去一年来最高价的标的即可，是因为这当中必然会有一定比例的真正创新高价股，能带动大盘上涨，所以只要掌握“创下过去一年来高价”个股的总数，就足以判断行情的上涨动能如何了，而且这种统计方式也较简便。

或许有人会再进一步追问：“原本的定义是创下过去两到三年来新高价的股票，为什么这里使用的是创下过去一年来高价的股票呢？”这是因为如果设定为两年，这两年行情低迷期间将完全不会出现（两年来）创新高价的股票。

还有，分母会使用东京证券交易所的整体个股数量，是因为上市企业不断增加，五年前的百大创新高价股和现在的百大创新高价股根本不同，计算出来的比例也会产生不同的意义。根据东京证券交易所的统计，2003年的上市公司（东证一部、二部及新兴市场总和）有2174家，2009年则增加为2319家。

接下来，调查前50大指标股是否创新高

为提高预测行情走势的精确度，还是要回到个股状况，也就是确认“什么样的个股才会创新高价”。其中要特别注意的是大型股的动向。由于大型股占东京股市的大半市值，所以如果大型股股价不创新高，整体行情绝对涨不上去。而前50大公司就占了整体市值的一半，所以才需要特别注意这些公司的动向。

图表2-27是前50大公司在何时创下过去两年来高价的累计比例

图表 2-27 **前50大公司，股价何时创两年来新高？**

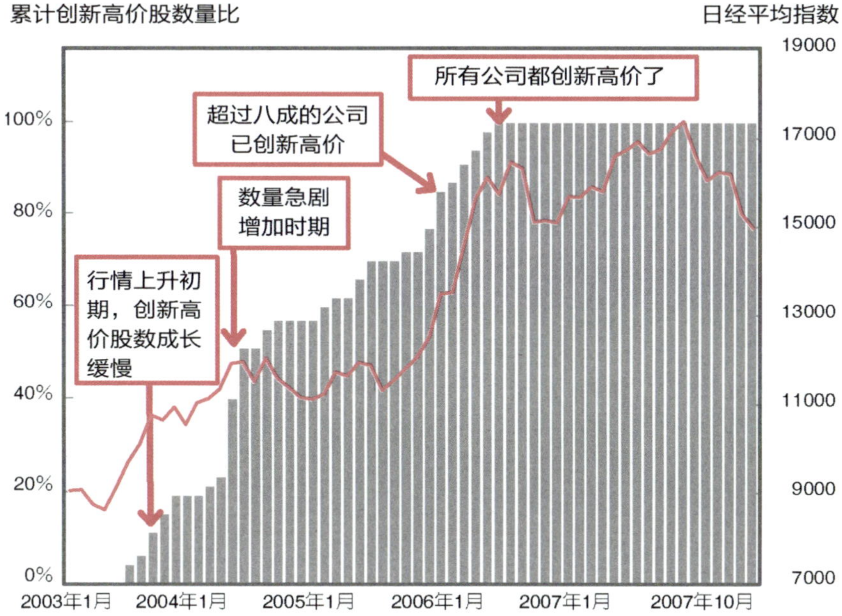

（%）图表。在日经平均指数跌至谷底的2003年，只有佳能、小松（在日本重化工业器材制造公司中排名第一，世界排名则是第二）、JFE控股（日本钢铁龙头之一）、新日本制铁（也是日本钢铁龙头之一）、三菱商事（贸易商，是日本最大综合商社之一）等极少数公司得以创新高价。

创下过去两年来高价的股票，在2004年3月及4月数量最多。这点从柱状图的曲线急剧上升即可得知。具体而言，创新高价的公司有：三井不动产、住友商事、丰田汽车、日本烟草、瑞穗银行、三菱日联、三井住友等。那时候，前50大公司已有半数以上创新高价了。

对于行情从2003年起将从谷底反弹仍旧半信半疑的人，若能在2004年上半年重拾信心，就有机会参与行情后半段的涨势（日经平均指数从11000点涨至18000点）。只要确认大型股的动向，要做出正确判断并非难事。实际上，创新高价股必须到后半段，其蓄积的涨势才得以发挥。

还有，在2005年8月及9月，因为发那科（FANUC，日本数位控制机床系统龙头）、T&D控股（旗下有许多保险公司）、西科姆（SECOM，日本最大的保全公司）、信越化学等公司相继创下过去两年来高价，使创新高价处的数量再次增加。此时前50大公司中创新高价的已超过八成了。

在最后一家公司创新高价后，前50大公司终于在2006年2月全部晋升创新高价股行列。虽然日经平均指数在短暂下跌后又开始上涨，但大型股中已没有任何一家公司能提供这波上涨动力了。

运用“创新高价股数量比”判断行情走势时，只要辅以确认50大指标性股票的动向就够了，并不会花太多时间。

然后，你就能看出大盘未来走势

算出创新高价股的数量演变后，要如何用来分析大盘走势呢？如同图表2-28所示，大盘指数从2009年3月开始上涨。在跌至7000点谷底的一年后，回升至11000点上下，走势与2003年4月的谷底反弹雷同（请参照图表2-25，当时大盘指数也在跌至7000点左右的1年后，回升至12000点上下）。

虽然两者走势很像，但也不能就此认为之后也会出现（与2003年）相同的走势。历史会一再重复，但大盘不会重复相同模式。这回，“创

图表 2-28 大涨信号：创新高价股数超过2%

■ 日经平均指数及创新高价股数量比的变化

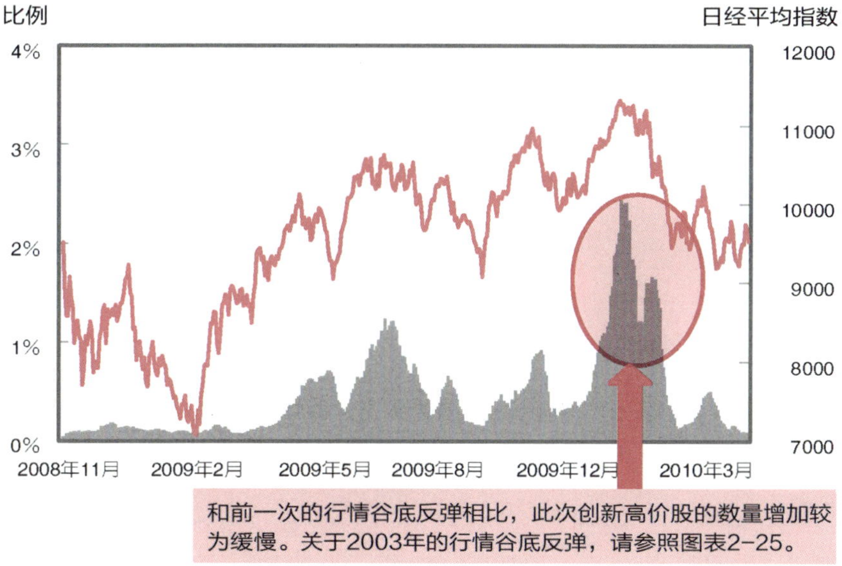

新高价股数量比”在这次的行情回升过程持续低迷，直到2010年3月数值才开始增加，但仍不及上次最高点的一半。

接着请检查市值前50大企业，没有一家创下过去两年来高价，亦即2009年的反弹并未出现类似2003年上升行情中带动涨势的股票。可见2009年行情的上涨主要是过去大幅下跌的股票在景气反弹或获利回升的情况下带动的。如同上一节的图表2–19（见第63页）所示，在谷底反弹的上涨期间，过去在下跌行情时大幅下跌的标的，会因为行情反弹而出现大幅上涨的情况，而目前的行情并未跳脱这种倾向。

其实在小型股里面，在网络相关、零售和外食、学名药等特定领域，都出现了创新高价股，只是这些股票并不足以带动整体股市上涨，因此目前的情况还不足以期待市场变得活络。由于2009年的上涨力道较上次的上升行情疲弱，在这样的市场情况下，选择获利亮眼的个股是投资的关键。

对行情上涨力道的判断，该如何反映在投资行动上？简单来说，就是购买数量的增减。若判断行情走强，可增加单次的购买量；若判断行情走弱，则减少单次的购买量。

获利重点

◎当创新高价的股票很多档，带动股市上涨时，就形成行情上涨期。预测市场行情强劲与否的关键，是创新高价股的数量。

◎注意带动整体股市行情的大型股动向，尤其要观察前50大企业股价是否创新高。

第三章

接着基本面三步——飙股现身

原野上盛开着郁金香，在一片花海中，红、白、黄色斗艳争妍。此时如果出现一朵蓝色郁金香，任谁都能一眼发现并找到它（成长中的企业），就是这么简单。

我们要找的，就是蓝色郁金香，是任何人都不会错看的标的。因为如果不是这笃定，就无法成为众人瞩目的焦点，进而推升股价大幅上涨；如果得思考良久才能下判断，就不是真正的好股票了。

要发现真正的好股，只需再进行以下三个步骤；这三个步骤也是本章的重点：

①检查过去的获利表现
②检查近期的获利表现
③预测未来的获利表现

本章内容是第一线操盘手的实战观点。如果你能用相同观点分析公司的获利状况，就等于具备了第一线投资专家的能力。刚开始你可能会觉得“要找到蓝色郁金香还真不容易”，那是因为你分析的公司太少；如果只看到广大原野的小小一角，那里可能刚好没有蓝色郁金香。

1 我的基本分析，只要会“基本”

我在上一章介绍了如何从走势图中找到“创新高价”的个股，本章则要说明如何在创新高价股里，找到真正的成长股。我们所根据的股市定理是：一家获利不断成长的企业，股价也会跟着水涨船高，而且获利成长幅度惊人的公司，自会散发耀眼光芒。要分辨是不是真正的成长股，只需一道简单公式。

不是所有的创新高价股未来都会大涨。就像图表3–1，真正的反弹股和创新高价后立刻下跌的伪装股，会掺杂在一起。本章的目的就是帮助投资者看出两者之间的不同。

最有效的辨别方式，便是预测公司未来的获利表现。未来获利会不断成长的公司，其股价大幅上涨的可能性较大；而获利预测不乐观的，股价则可能马上下跌。

其实，这就是所谓的“基本面分析”。有些人可能会觉得基本面分析很难，其实不必担心，因为获利较佳的公司就像蓝色郁金香，自会散发耀眼光芒。可惜很多人卡在基本面分析中，觉得太难了，不想学。

如果大学的入学测验中，语文、英语、数学三科是必考，不管拿不拿手，考生都得好好读这三科吧，要是其中一科完全放弃，就别想通过考试了。而股票投资者必考的科目之一，就是基本面分析。

图表 3-1 区分创新高价后上涨和下跌的股票

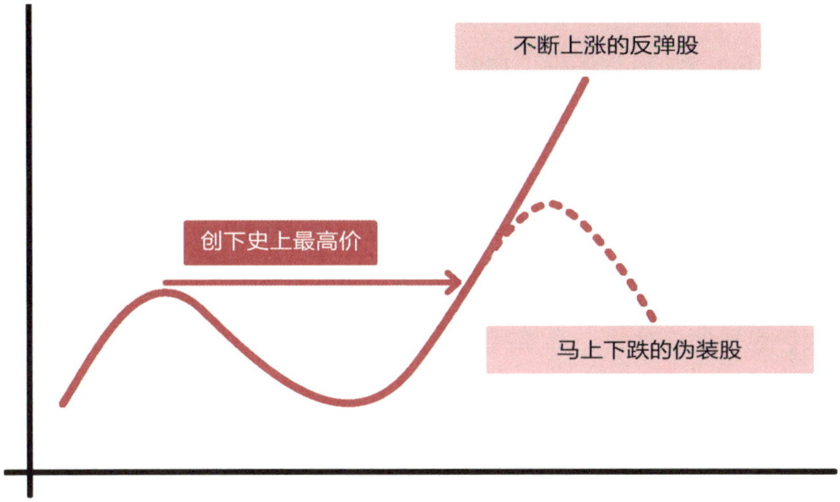

最有效的辨别方式，便是预测该公司今后的获利表现。

预测未来获利的能力，你比专家还行

基本面分析的切入点是“成长”。如果只能用一句话来说明股价的真理，那就是“今后获利成长的公司，股价会上涨”。能知道未来的获利状况自然最好，但实际上没有人能笃定地说未来一定会怎样，就像谁也想不到原本繁荣的全球经济，会突然碰上金融海啸一样。

不光是景气衰退难以预料，即便是在景气好的时候，公司高层也料不准将来的事。几年前景气还很好的时候，我参加过一场技术人员派遣公司的说明会。该公司的社长预言大型制造业将大砍成本、减少正式员工的比例，使得技术人员的派遣市场前景一片看好。他断言这个趋势一定会发生，再加上该公司的派遣员工素质颇受业界好评，因此这位社长认定，公司的经常利益将成长15%。

想不到一年后，该公司的获利只成长了5%。社长说："因为景气太好了，很多派遣人员都变成正式员工，导致本公司招募不到足够的派遣人员。"可见正式员工比例下降、造成派遣需求升高虽是事实，但制造业也因景气好转、扩大营运，而决定增聘正式员工。这是一年前业界任何人、包括那位社长，都始料未及的状况。

你可能会质疑："连负责经营的社长都无法判断，我们外行人怎么可能会晓得？"这就是重点所在！如果连业界的经营者都不知道，不就等于内行与外行，都站在相同的起跑点上吗？以建筑来比喻就是：外行人虽然盖房子的功夫比不上一级建筑师，但在预测建设公司的未来获利上，却没有专家与外行人之分。

既然连内行人都无法预测未来，那么能够仰赖的，就只有过去了。虽说历史未必会再重演，但如果过去获利表现时好时坏，未来发生相同情形的概率也会比较高；但如果过去获利稳健成长，那么将来继续稳健成长的概率也会比较高。

一个人的信用非常重要。我们是从一个人的过去行为，来判断他今后是否也会信守承诺，或推测他会不会如期还款。所以，你也可以把观察一家企业过去的获利变化，当成衡量一家公司的信用。

预测获利的起点就在这里。本来我们要预测的是未来获利，但因为没有人可以料事如神，所以必须先分析过去的获利表现。如此一来，基本面分析就变简单了。

获利重点

◎选股时最重要的是预测该公司的未来获利，但连经营者都无法预测未来，因此，在预测未来上，不分内行、外行。

◎过去获利犹如一家公司的信用，如果过去获利优异，便可推测未来表现亮眼的概率也比较高，这就是预测未来获利的基本观点。

2 第一步：过去的获利要稳定成长

读完本节你会恍然大悟："原来预测公司获利，竟然这么简单！"我分析企业获利的方法，是建立在每个人都会觉得理所当然的常识上。本节将从三步骤的第一步"检查过去获利的变化"，筛选出具有飙涨潜力的反弹股。

在家里举办派对固然开心，但曲终人散后，堆积如山的碗盘却很棘手，不知该从哪里收拾起。

首先，能放进洗碗机的，全丢进去清洗，这样至少眼前要洗的碗盘，看起来会少一点。其实放不进洗碗机的锅子，洗起来才费力，但眼前少了那些碗盘，心理上会感觉轻松不少。

同理，如果盲目进行"预测公司获利"，可能会不知从何处着手，所以最好的办法，就是从最简单的地方开始。参见图表3–2，基本面分析有三步骤。虽然预测未来很重要，但可以稍后再做，首先该分析的，是过去的获利。这就像清洗碗盘，虽然最重要的部分还没解决，但在完成过去获利的分析后，就会突破心理障碍。

第一步是调查过去较长时期的获利表现：这家公司的5～10年间，获利是否稳定成长？第二步则是调查最近的获利表现：最近的1～2年间，该公司的获利是否出现爆发性成长？

每一步的检查基准都很简单，不符合基准的就淘汰，只有符合条件

图表3-2 基本面分析三步骤

第一步　过去：长期获利是否稳定成长？

↓

第二步　现在：最近获利是否出现爆发性成长？

↓

第三步　未来：获利成长能否继续维持？

的股票才可以进入第三步：分析未来获利。第一步跟第二步就像两道筛网，目的是减少进入第三步分析的股票数量。

本节要说明的是第一步，从过去较长时期的获利表现，来判断个股是否值得买进。投资人需要留意的，只有“经常利益”（中国台湾为税后纯益）而已。

> **买股公式3：**
>
> **针对经常利益，需检查以下两点：**
>
> **①成长性：过去5～10年，都达到年平均7%以上的成长。**
>
> **②稳定性：过去5～10年，并未出现亏损，或只出现微幅亏损。**

“过去很长一段时间，获利都能持续成长，所以今后继续成长的机会很大。”把这个真理转化为具体的选股基准，就是上述这道公式。

所谓的“获利成长”具体来说是指什么？1%或2%的成长率不能算是成长，只能算是持平或低迷。我们期待的是10%以上的成长率，但以现在的景气来说，能有7%就算很好了。

还有，如果今年+30%的成长，是因为去年出现-30%的负成长，也不能算是成长，只算恢复原本的获利表现。一家企业的获利成长必须稳定，上述公式便是来自这些常识。

检查点一：获利的成长性

请注意该企业在创新高价之前的5～10年间，获利成长率如何。

我举两个例子来说明，首先是WORKMAN。这家公司专门生产建筑工人或工厂劳工的工作服，目前拥有650家门市，其他同业开设的门市大多不到10家，除了自家门市外，就只能在平价购物商场或综合服装店销售。因此，WORKMAN的品项比其他公司齐全，在价格上也因为能大量进货，可以提供极具竞争力的价格。此外，目前这家公司的市占率不到10%，尚有余力抢占其他同业的市占率。

没有竞争对手、市占率又有成长空间，获利没道理不大幅跃进。因此，该公司的经常利益从1999年3月期的16亿日元，增加至2008年3月期的53亿日元，年年成长。即便是在网络泡沫化、陷入不景气的2000—2003年间，WORKMAN依旧保持好成绩。

根据图表3-3，WORKMAN的股价在2005年8月突破过去（一年来）高价，开始暴涨。这家公司多年（五六年）来都维持平均8%的获利成长率，因此第一步的筛选结果合格。

另一只股票是罗森（按：在日本经营规模仅次于7-ELEVEN的连锁便利店）。从第92页图表3-4可知，罗森的股价虽在2008年6月创新高价，但近年来公司的年成长率只有4%，若是参考我手上的陈年数据，计算1998年2月期到2009年9月期的成长率，更是只有1.3%。因此，第一步

图表 3-3 获利稳定成长，股价自然创新高

■ WORKMAN的月K线图及经常利益

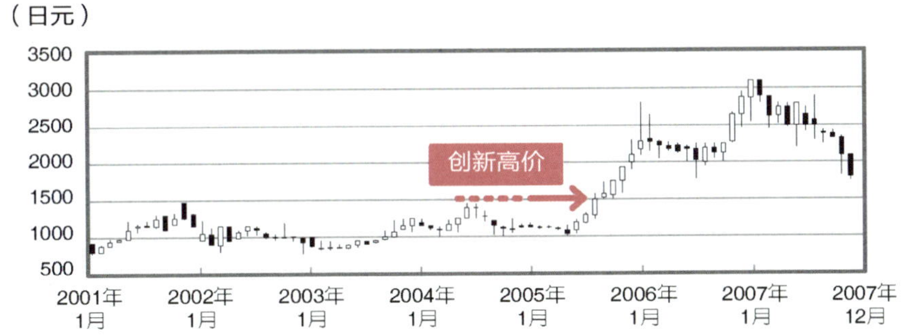

经常利益

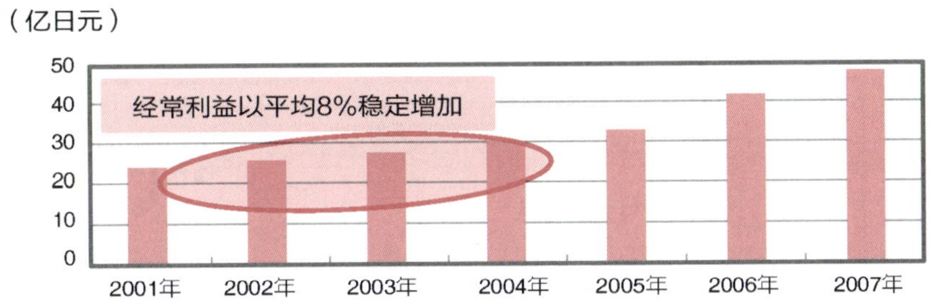

说明：2001意指2001年3月期。

的筛选结果是淘汰，只有WORKMAN可以前进到第二步。

检查点二：获利的稳定性

接着，请检查获利是否稳定，我用两家学名药厂的股价当范例说明。日本制造学名药最大的药厂泽井制药，在其公司的网页上表示：

"研发新药需要9～17年、投入大约500亿日元的资金……但新药获得认证的概率，却不到1/15000。"因此，新药售价通常很高，但等专利期一过，其他药厂便可贩卖相同成分的药品，这种药就是学名药，价格不到原厂药的七成。

由于先进国家都在苦恼医疗费用日益扩大，因而大力引进学名药。目前各国学名药占医药用品的比例分别是：美国69%、德国64%、英国61%；此外，印度的比例更是超过九成，连中国也高达七成。而普及率只有20%的日本也正在迎头赶上，努力提高学名药的用药比例。

图表3-4 获利没有成长，股价无法维持

■ 罗森的月K线图及经常利益

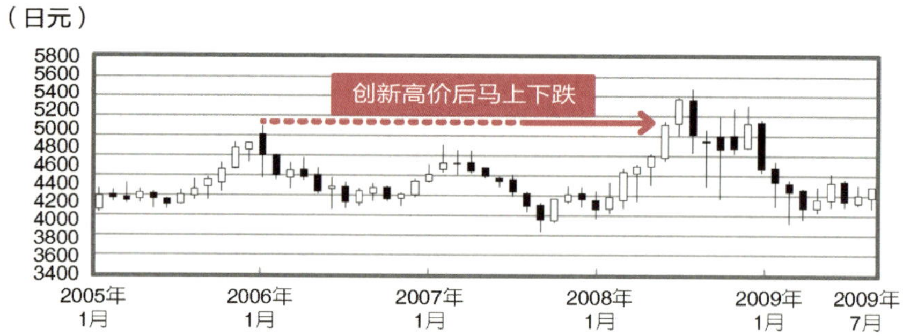

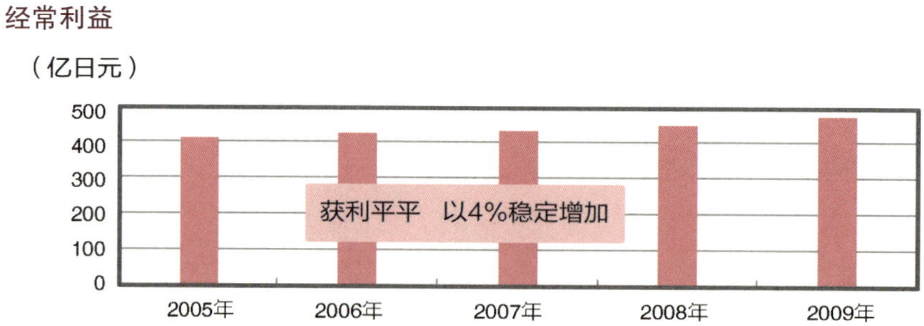

说明：2005年指2005年2月期。

在这样的社会需求下，学名药的股价应声上涨。日本最大药厂武田药品（研发新药为主），股价从2000年1月到2010年7月跌了21%，反观泽井制药（做学名药）的股价却上涨了6倍。对投资者来说，在这个成长型产业，找到一只最有飙涨希望的标的股，非常重要。图表3–5是泽井制药及日医工两家学名药公司的股价走势图。两家公司在2004—2005年间都陷入股价停滞期（见网底区块），随后突破过去高价（2004年高价）的时间点，就是进场的最好时机。

但是，该选择哪一只股票？日医工的股价上涨至创新高价时的2.2倍，而泽井制药却只上涨了30%，买进日医工，当然是最佳选择。

图表3–5 大涨信号：停滞期后就是进场时机

■ 泽井制药、日医工的月K线图

说明：以1998年1月的股价为起点指数化的结果。

图表3-6 创新高价前的获利，必须稳定成长

■ 泽井制药、日医工的经常利益成长率

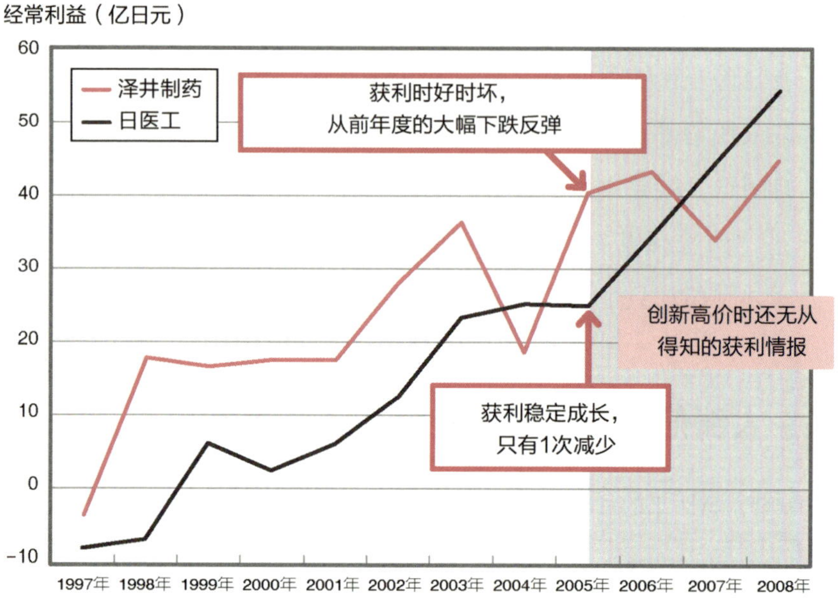

年度（日医工在11月决算，泽井制药在隔年3月决算）

图表3–6是这两家公司后来的获利表现。网底部分是创新高价后的获利表现，这是在创新高价时买股的当下，投资人还不知道的情报。从网底的部分来看，日医工的获利稳健成长，泽井制药却因为账面获利减少，导致两家公司的股价出现明显差异。但这是事后诸葛，股价创新高时并不知道后续发展会是这样。

那么，有什么办法可以让人避开泽井制药、购买日医工的股票？

为此，我们必须回头去看这两家公司过去的获利表现。从图表3–6

的曲线可知，日医工的获利成长较为稳健，而泽井制药曾在2004年度出现获利大幅下滑，导致获利曲线呈现V形下凹状，让人不由得担心今后是否还会发生相同情况。泽井制药在2007年度发生的获利骤减，就是重蹈覆辙。而获利成长是否稳定，正是预测今后股价的重点（如何找出企业过去获利的数据，参见附录二）。

想必有人认为，参考过去获利记录、调查该公司获利是否长期稳定成长，是一件简单又理所当然的事吧（但多数投资者就是没做）。股价要上涨，必须获得众多投资者的认同，并愿意高价购买公司股票，因此投资者认同的理由愈是“理所当然”，造成的飙涨效果就愈大。获利长期稳定成长，是基本面分析的第一步，唯有合格的标的，才能进到第二步。

获利重点

◎基本面分析的第一步：

①调查过去5～10年经常利益的长期成长率。

②观察获利的成长性及稳定性。

3 第二步：近期的季成长率要超过20%

捞金鱼最重要的就是不可以弄破纸网，纸网一破，技术再好也捞不到鱼。同理，在创新高价股中要筛选出具有飙涨潜力的反弹股，最具成效的方法就在本节。

你在上一节中已经得知基本面分析的第一步是多简单又符合常识了。第二步也很简单又合逻辑，但第二步是三个步骤中筛选标准最严格的。

在第一步，即使数据有些微不合乎基准也没关系。例如我设定的公式是成长率要超过7%，但如果某家公司的长期成长率只有6.5%，其实还是可以进入第二步。此外，第三步要分析的是未来，本质上不确定因素较多，没有明确的数值基准，因而很难避免模棱两可的情况。

相对于上述两个步骤，第二步是仔细调查近期的获利表现，确认近期的业绩（营业额与获利）是否出现爆发性的成长。认定标准较严，是因为近期的获利表现，会明显地反映在股价上，参见买股公式4至公式6。

买股公式4：
最近1～2年的经常利益（与去年同期比）成长超过20%。
买股公式5：
最近2～3季的营业额（与去年同期比）成长超过10%。
买股公式6：
最近2～3季的获利（与去年同期比）成长超过20%。

我的公式是要确认最近1～2年的经常利益，以及最近2～3季的营业额及获利。之所以设定这样的标准，是有理由的。初学者或小心谨慎的投资者，请确认最近两年及最近三季的获利，投资老手只需确认最近一年及最近两季的获利即可。经过第一步及第二步的两轮筛选后，投资者将会淘汰七到八成的创新高价股。

第二步的筛选重点如下：

①最近一季的获利最重要

近期的获利成长最重要。即使其他项目符合最低限度的基准，只要最近一季的经常利益（与去年同期比）不满20%，原则上就得淘汰，因为投资者最重视的就是这个数字（按：经常利益是税前纯益扣掉企业所得税、国民所得税和营利所得税后的金额，又称为“继续营业单位净利”）。

②筛选还是要有弹性

虽然我说过第二步必须更严格把关，但并不是要你完全照公式来，而是要弹性地运用公式，并在仔细思考后做出选择。例如，假设以下甲、乙两只股票，过去三季的经常利益分别（比去年同期）成长了：

甲股：23%、18%、25%

乙股：20%、20%、20%

甲股有一季是18%，照理说应该要淘汰，但和乙股相比，另外两季的成长数值又较高。此时不可因为出现一次18%就认定甲股不合格，在筛选上还是要有弹性。

为了帮助你了解这么做的原因，我要解释一下获利公式与成功概率的关系。我在制定获利公式时，是用过去的数据来进行检验：我把获利的成长率进一步细分，例如获利成长率分别在16%、18%、20%、22%及24%时，调查股价在创新高价后分别上涨了多少。

然后我发现，当获利成长率愈高，之后股价的涨幅也愈高。例如获利成长率达到20%时，股价会比18%时再多涨一点；获利成长率达到22%时，股价又会再上涨一点；达到24%的话股价涨更多。

水在0摄氏度时会从固态（冰）变成液态（水），之后不管温度再上升10摄氏度或20摄氏度，依旧会维持液态；也就是说，0摄氏度对水有重大意义。然而，股价和企业获利成长率的关系不像水有一个突变点，会出现“获利成长率不满20%的话，股价会持平；获利成长率超过20%，股价会突然大涨”的现象，两者间的关系变化比较轻微。因此，投资者得自己决定获利成长率达到多少就买进股票，因为要是设定的门槛过高，会找不到可买的标的，门槛过低又会提高看走眼的概率。

我是按照一般常识判断，认为把获利成长率定在20%比较妥当。季度营业额成长率设在比去年同期成长10%，也是基于相同道理。因此，我设定的公式，并不是要你一看到获利成长未达20%就淘汰，而是分析获利成长率与其他数据之间的关联性后再决定。

③为什么要参考营业额?

既然股价会随着公司获利成长率的增加而上涨，为何还要确认营业额成长率（参见第96页买股公式5）？很多时候即使营业额成长率只有1%~2%，获利率仍会大幅成长20%，但这种情况通常不会持续太久。获利成长显著的公司，营业额成长10%以上是非常普遍的情况。

有些公司会通过裁员来提高获利，但裁员只有一次性的效果。实施裁员的企业通常营业额未见增加，只有获利成长，这种公司不是好的投资对象。

④确认三种获利

要看获利是否确实成长（指买股公式6），可确认以下三个数据：

营业净利：**企业的本业获利**
经常利益：**扣税后的获利**
税后纯益：**经常利益扣除非常损益、停业部门损益后的净利**

我大略解释一下这三个数据的定义。日本投资者最重视的是经常利益，报纸上也经常只提经常利益的金额，很少提到税后纯益与营业净利。因此，企业在会计上通常倾向于提高经常利益。

举例来说：在零售业，门市开开关关是很正常的事，但展店费用会牵涉到营业净利，歇业时则会列入非常损失中的“停业部门损益”。因此，经常利益并未反映停业成本，会导致高估。为了不被企业的会计数据所蒙蔽，投资者必须同时参考三种数值（按：中国台湾会计原则和日本略异，经常利益通常等于税后纯益）。

附带一提，美国投资者最重视的不是经常利益，而是税后纯益。更精确来说，美国投资者参考的是每股盈余（EPS），所以投资美股时不必参考营业净利和经常利益，参考EPS即可。

〔按：《台股四季报》会列出每一季的获利能力比较表，当中最重要的数字“每股纯益”，也等于是把EPS（数值来自税后纯益）当成重要参考依据。投资者可以运用这份获利能力比较表，快速筛选出具备大涨信号的个股。〕

你在《公司四季报》或证券交易所的公开资信观测站上，都能查到这三个数字〔按：中国台湾四季报上较常见的获利数据是“营业利益”（本业获利）、“税前盈利”“税后纯益”〕。这三个数字的成长幅度通常相去不远，但偶尔会出现落差。

例如某家公司靠经营事业获得15%的营业净利，税前纯益却可能因为兑换利益（按：公司进行进出口贸易时，若使用外币交易计价，一定会发生兑换损益）变成25%，然后又可能因为提拔员工退休金及关闭工厂等非常损失（按：台湾上市柜公司可提列的非常损失项目，包括火灾损失、大地震损失等），导致税后纯益只成长了8%。

原则上，这三个数据的成长率若没全都超过20%，就必须淘汰。一般散户不需要详细了解这三种数据的差异，只要能找到这三个数据的成长率就够了。

⑤别光看一季的数字就买进

只因最近一季的获利成长超过20%就贸然进场，这种做法很危险。

有些企业在经过长期的获利衰退后，确实会突然出现单季盈余大幅成长。在这种情况下，有时等到连续2～3季度都有超过20%的成长才买进，股价早就大涨，会导致投资人错过进场时机。

然而根据统计，股价在创新高后立刻一蹶不振的例子不胜枚举，所以只出现一次获利高成长，很难断定往后的获利也会持续增加。当大多数投资人都对该股的未来感到不安，股价就不会上涨。况且本季获利大幅成长的理由如果是因为前一年的同期获利刚好低于水准，通常下一季的成长幅度就会萎缩了。因此，投资者千万不要只看单季获利就下判断。

获利表现稳定，股价就会联动

接下来，我用大型连锁乌龙面店 Toridoll 为例，来说明如何运用公式筛选股票。

在日本，牛丼店、汉堡店等，几乎都是大型连锁店的天下，只有乌龙面店尚有许多是由个人经营。然而，个人经营的店面即便能提供独特美味的乌龙面，仍然不具规模经济，再加上随着个人经营者的高龄化，店面也逐渐转型成大型连锁店；尽管如此，日本三家最大的乌龙面连锁店的市占率，加起来也还不到10%。

在这样的背景下，Toridoll 的市占率愈来愈高，获利也呈直线成长。该公司自2001年3月期到2008年3月期的获利成长率高达37%，因此第一步筛选的结果是合格。

接着来看图表3-7，Toridoll 最近的获利表现。该公司股价创新高的时间点是2008年上半期，从这个时间点往前追溯过去1～2年的获利，检查2007年度（12个月）和2008年度上半期（6个月）的获利表现。

图表3-7 股价与获利的联动

■ Toridoll最近1～2年的业绩成长率　　（与去年同期比）

时间	营业额	营业净利	经常利益	税后纯益
2007年度	51%	50%	44%	17%
2008年度上半期	40%	79%	86%	124%

■ 各季业绩成长率　　（与去年同期比）

时间	季度	营业额	营业净利	经常利益	税后纯益
2005年12月	Q3	34%	-13%	-13%	15%
2007年3月	Q4	44%	16%	23%	-12%
2007年6月	Q1	54%	21%	12%	-20%
2007年9月	Q2	54%	39%	33%	-7%
2007年12月	Q3	48%	38%	35%	20%
2008年3月	Q4	49%	102%	100%	105%
2008年6月	Q14	1%	102%	114%	173%
2008年9月	Q2	39%	62%	67%	89%

创新高价时的业绩

说明：营业额成长超过10%、获利成长超过20%的栏位都已加上网底，投资者只要看红色框线的数据即可，圈起来的部分标示税后纯益减少的时期。Toridoll 是一家经营连锁乌龙面店的企业。

表格中加上网底的部分都符合买股公式的要求，未合格的只有2007年度的税后纯益17%。但这个数值已经很接近20%了，而且其余数值又都很高，所以我们暂且不要淘汰这家公司，让它前进到下一步；这就是前文提到的，筛选要有弹性。

图表3-7下方列出的每一季营业额成长率都符合买股公式5的要求（必须超过10%）。在获利方面，多数期间也都符合规定，而且最近四季的三种获利数字也都达标，因此，第二步筛选结果也是合格。

其实原本只需参考图表3-7中红线框起部分（过去三季）的业绩就够了，但这里我要以这家公司为例，带大家看看更早以前的各季获利表现。2007年3月期、6月期及9月期的营业净利及经常利益都呈现成长，只有税后纯益出现衰退。就是为了避免投资者在这种情况下进场买股，我才会建议同时参考三种获利数据（这个数据与创新高价时投资与否的决定无关，我举这个例子只是要说明，这三个获利数据彼此间也可能出现极大的差异）。

还有，从图表3-8的经常利益成长率变化可知，成长率再高，股价还是可能会下跌；而前文说过的“股价的飙涨是从创新高价的那一刻开始”的定理，也能从这张图表获得证明。

营业额没有成长，股价撑不久

我们来看科研制药，这家公司因生产退化性关节炎的用药“ARTZ”而获利成长。据估计，日本有1000万人罹患退化性关节炎，但接受诊疗的比例极低，只有两成左右的患者会上医院看病，其余的都只使用护膝而已。然而近年来因人口高龄化，接受诊疗的患者比例也日

图表 3-8 基本面漂亮，连续出现“买股信号”

■ Toridoll的周K线图

说明：红色数字是公布获利当日的单季经常利益成长率。

渐提高，因此该公司可说是搭上了获利成长的顺风车。

科研制药的股价在2007年1月创新高价。由图表3-9可知，该公司的创新高价很快就宣告结束，同月股价便转升为跌。这里虽然没有提供日K线图，但该公司在1月22日创新高价后，股价只有短短两天超越新高价。

接着我们来看这段时间的获利表现。该公司自1998年3月期到2006年3月期，平均都有13%的成长率，所以第一步筛选结果合格。

在近期的获利表现上，经常利益的成长率如下：

图表3-9 营业额没有成长，股价撑不久

■ 科研制药的月K线图

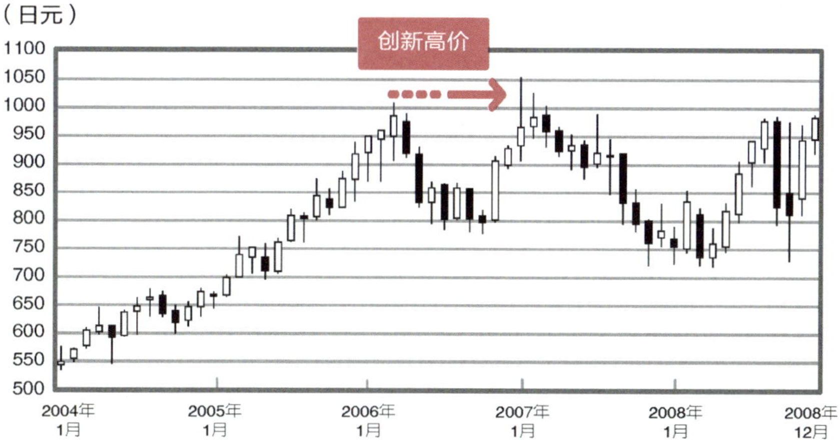

■ 各季业绩成长率　　（与去年同期比）

时间	季度	营业额	营业净利	经常利益	税后纯益
2005年6月	Q1	-1%	-16%	-19%	-22%
2005年9月	Q2	3%	59%	84%	19%
2005年12月	Q3	2%	4%	18%	243%
2006年3月	Q4	-1%	-14%	-2%	-19%
2006年6月	Q1	-2%	-29%	-20%	3%
2006年9月	Q2	1%	8%	25%	28%

创新高价时的业绩

说明：获利超过20%的栏位都已加上网底。

2006年3月期（12个月）成长15%

2006年9月期（6个月）成长6%

这两期的经常利益成长率都未达20%，可知第二步筛选结果必须淘汰。实际评估投资与否时，已经不需再针对这个标的做更多调查，但现在是练习，所以我们继续来看该公司的各季获利表现。

跟前面图表3-7的 Toridoll 相比，会发现图表3-9里，加上网底的格子较稀。该公司股价在创新高价之前一季的获利表现，经常利益和税后纯益都超过20%，但营业额却只增加了1%。再往前看一季，经常利益还出现负成长，这样的表现一定要淘汰才行。

第三个例子是家具专卖店宜得利。家具店和便利店不同，很少往大型连锁发展，所以大型家具连锁店主要致力于扩大市占率，再加上该公司没有低价竞争的同业，因此获利得以稳健成长。

我虽未列出详细数据，但该公司从1998年2月期到2008年2月期呈现出33%的经常利益成长，显然第一步筛选的结果合格。当我前往该公司拜访时，全体员工还起立向我致意“欢迎光临”，让人感觉该公司充满了朝气。

接着来看第二步的最近获利表现：

2008年2月期（12个月）15%

2008年8月期（6个月）27%

15%的成长率虽未达20%的要求，但近6个月以来获利已经恢复原先的成长幅度，所以可以继续仔细分析各季的获利表现。参见图表3-10，

图表 3－10 营业额和获利都不稳定，很难再创新高价

■ 宜得利的月K线图

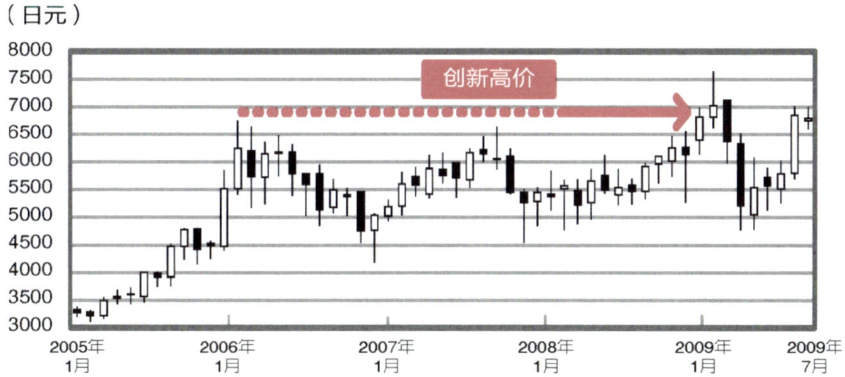

■ 各季业绩成长率 （与去年同期比）

时间	季度	营业额	营业净利	经常利益	税后纯益
2006年11月	Q3	17%	23%	23%	13%
2007年2月	Q4	20%	43%	39%	46%
2007年5月	Q1	18%	30%	28%	32%
2007年8月	Q2	15%	5%	2%	－1%
2007年11月	Q3	12%	14%	14%	8%
2008年2月	Q4	14%	13%	11%	16%
2008年5月	Q1	10%	24%	28%	28%
2008年8月	Q2	8%	27%	23%	－15%

创新高价时的业绩

营业额的成长率逐期萎缩、税后纯益出现负成长

说明：网底标示营业额超过10%、获利超过20%的合格栏位。

很多数字都加上了网底，这是获利稳健成长的证明，但如果你仔细观察，会发现两个问题：

营业额的成长率逐期减小，最近一季未达10%。

最近一季的税后纯益出现负成长。

从这两点发现，可做出该公司股价创新高价后不可购买的结论。

当公司获利开始大幅成长，经营者会变得更有自信，证券分析师及投资者也会乐观期待该公司将持续成长。我是根据个人过去的投资经验，得知企业及投资法人会如何预测未来的成长率。因此，近期获利只成长了1%的企业，不可能马上出现30%的成长率；而获利高成长的企业，也不可能马上陷入获利低迷。

我也晓得只因现在出现20%的成长率，就推论未来可维持相同成长率的做法太过天真，但如果市场投资者全都用这种方式来预测，我也只好跟着做了。这就是第二步的本质。

获利重点

◎基本面分析的第二步：

①近期获利是能否买进的最重要筛选步骤。

②若近期获利成长率未达20%，原则上就应该淘汰；但评估时还是要顾及整体获利表现，在筛选上要有弹性。

4 小心！别被累计成长率骗了

我们常在媒体上看到“某某企业获利成长了××%”的报道，千万别被这种片面的数据给骗了，因为这种表示法并未反映企业的真实成长率。对投资者而言，最重要的是分析最近一季的获利比去年同期增加了多少，而这项情报并未记载在简明财务报表等公开资信上。

本书公式要检查的是最近2～3个季度的营业额及获利的成长率，成长率是和去年同期相比得到的数值。假设要算今年7—9月的成长率，就要和去年的7—9月相比，算出成长率为多少。

我这么说，你可能会觉得：“不是本来就这样吗？”然而实际上并不是本来就是这样，因为一般的获利成长率多采用累计成长率，例如第三季度的数值，是比较今年和去年底9个月以来的数值（只有第一季度是会计年度的开始，不是累计数字）。

报纸和企业公布的资料，几乎都采用累计数字。奇摩股市等提供股价走势图的网页并未列出获利数据，而证券公司的分析报告虽会载明获利数据，但《公司四季报》却只摘录部分季报内容，无法正确反映最近3个月的获利变化，使得投资者要检查买股公式6里最近2～3个季度的获利成长率时，需要多费一点功夫。

图表3-11以日本新药为例，列出单季的获利成长率与累计成长

图表3-11 单季（红）与累计（黑）成长率，差很大

■ 日本新药的周K线图

说明：数字是经常利益的成长率，成长率在获利发表日当天公告；数据来自简明财务报表。

率，两者数字显然差很多。创新高价之前三季的获利实际成长率依序是44%、306%及6%（图表上方的红色数字）。最近一季的获利成长率6%数值太低，在基本面分析的第二步里必须淘汰。

然而，简明财务报表上所记载的累计成长率，分别是44%、101%及44%（图表下方的黑色数字），隐藏了最后一季的低成长率。由于报纸也是报道累计成长率，经验不足的投资者很容易就被蒙蔽。这只股票在2008年4月创新高价后，到最高价也只上涨了15%，证明购买这只股票不

算正确选择。

你还能从图表3–11中得知，日本新药到了第四季度，获利成长率变成–24%，但过去12个月来的累计成长率仍维持30%的成长，这就是我认为必须多花点功夫算出“单季获利成长率”的理由。

〔按：日本的“简明财务报表”类似中国台湾上市公司的营运报告书。中国台湾上市柜公司经会计师查核签证、董事会通过及监察人承认之财务报告，有季报、半年报及年报，分别应于财报截止日后的一个月、两个月及四个月内（2010年以前适用）或三个月内公告（2011年开始适用），公告方式为将财务报表上传至公开资信观测站，才算完成申报程序，因此投资者上公开资信观测站查询即可，查询办法参见附录二。〕

单季获利成长率要去哪里找？

如果公司公告的资信未列出单季获利成长率，就只好自己计算了。但我想除了法人和极少数经验丰富的散户，大多数人应该不知道如何计算吧。

获利成长率可以依照简明财务报表上的数字来计算。每家企业在每一季度都会公布的简明财务报表，是依照相同格式制作，只要看习惯这个格式，它就是一份极易理解的资料。计算获利成长率所需数字都写在简明财务报表的封面上，你绝对不会发生“不知道该看哪里”的情况。

图表3–12是一份简明财务报表的实例。财务报表是厚达几十页的文件，但所有重要数据都印在第一页。财务报表非看不可的内容，也只有这张简明财务报表而已。想分析获利状况，只要看销货收入、营业净

图表 3-12

简明财务报表，看这个部分就够了

■ Toridoll 创新高价前的数据资料

2009年3月期待　第二季简明财务报表（非合并）

这部分最重要

上市公司名　Toridoll股份有限公司　2008年10月30日
股票代码　3397 U R L hp://www.toridoll.com　上市交易所　东京证券交易所
公司负责人　总经理　粟田贵也
联络窗口　会计部长　若山义晃　TEL 078-200-3430
季报提出预定日　2008年11月11日　股利预定发放日　未定

1.2009年3月期第2季业绩（2008年4月1日—9月30日）　（未满百万日元四舍五入）

（1）经营成果（累计）　（%表示与去年同季相比之增减率）

	销货收入		营业净利		经常利益		税后纯益	
	百万日元	%	百万日元	%	百万日元	%	百万日元	%
2009年3月期第2季	11.039	—	1321	—	1305	—	607	—
2008年3月期第2季	7872	54.1	740	30.9	701	23.7	271	△13.0

	每股盈余	稀释每股盈余
	日元 钱	日元 钱
2009年3月期第2季	9888.21	—
2008年3月期第2季	4545.41	—

（2）财务状况

	资产总额	净值	自有资金比例	每股净值
	百万日元	百万日元	%	百万日元
2009年3月期第2季	10837	4034	37.2	65727.24
2008年3月期	8424	3544	42.1	57738.10

（参考）自有资金 2009年3月期第2季：4.034百万日元 2008年3月期：3544百万日元

2.配股状况

	每股股利				
（基准日）	第1季末	第2季末	第3季末	期末	年间
	日元 钱	日元 钱	日元 钱	日元 钱	日元 钱
2008年3月期	—	0.00	—	1900.00	1900.00
2009年3月期	—	0.00	—	—	—
2009年3月期（预测）	—	—	—	2400.00	2400.00

（注）有无股利预测当季的修正：无

3. 2009年3月期的财务预测（2008年4月1日—2009年3月31日）　（%表示与前期相比之增减率）

	销货收入		营业净利		经常利益		税后纯益		每股税后纯益
	百万日元	%	百万日元	%	百万日元	%	百万日元	%	百万日元
全期	23400	42.2	2250	55.3	2200	58.7	900	52.4	14660.36

（注）有无财务预测当季的修正：无

财务预测的使用方式请参照第四章第三节

请参照第三章第七节的说明

说明：本公司没有合并对象的子公司，所以简明财务报表上记载“非合并”。若是有合并决算和单独决算两种需求，请使用合并决算。

利、经常利益及税后纯益四个数字就够了。

补充说明：这里虽然用不到，但除了上述四种数据，需要留意的还有预估经常利益成长率及预估每股盈余（预估EPS），也就是图表3-12中圈起来的部分。预估经常利益成长率的使用方式在第四章第三节会介绍、预估EPS的使用方式则在第三章第七节里有详细的说明。在阅读上面两节时，请参照这张图表。

找对数据，用减法就能算出来

图表3-13是计算 Toridoll 在2008年7—9月（2007年度的第二季度；按：日本会计年度是以3月31日为结算日，所以第一季度是4—6月，第二季度是7—9月，以此类推）单季的经常利益。该公司简明财务报表上所提供的数据，只有当年度的1305百万日元（即13亿500万日元）和2007年度的701百万日元（即7亿100万日元）。

Toridoll 发表的这两个数字，都是该年度4—9月的两季累计获利，如果要计算7—9月的单季获利，用第二季度的累积数字减去第一季度的累积数据即可。也就是说，想要得到第二季度的单季获利，必须检视以下两份文件：

⊙第二季度简明财务报表

⊙第一季度简明财务报表

以Toridoll 来说，其数据为：

⊙第二季度获利1305（百万日元）

⊙第一季度获利604（百万日元）

图表 3－13

单季获利这样计算：以Toridoll为例

步骤1　从公司财报中找出相关数据

■第二季度简明财务报表数据，是累计数据

项目	营业额	营业净利	经常利益	税后纯益
2008年9月累计至第二季度的数据	11039	1321	1305	607
2007年9月累计至第二季度的数据	7872	740	701	271

■ 因此，得找出第一季度简明财务报表数据

项目	营业额	营业净利	经常利益	税后纯益
2008年6月第一季度单季数据	5144	611	604	308
2007年6月第一季度单季数据	3646	302	282	113

步骤2　用第二季度减去第一季度数据

■ 得出两年的第二季度单季获利

项目	营业额	营业净利	经常利益	税后纯益
2008年9月第二季度单季数据	5895	710	701	299
2007年9月第二季度单季数据	4226	438	419	158
		成长率	67%	

计算方式：第二季度数据减去第一季度数据　1305-604=701

出处：简明财务报表　单位：百万日元

计算方式如下：

1305（到第二季度为止的累计经常利益）—604（第一季度经常利益）=701

701（百万日元）就是第二季度的经常利益。我已经在图表3-13上将需要用到的数据圈起来了。用同样的算法可算出2007年7—9月的经常利益是419（701—282）（百万日元），然后再以相同方式计算营业额及其他获利的数值。

而成长率，算法是第一、二季度的获利数字相除。

$$\frac{\text{今年}701}{\text{去年}419}=1.67$$

由以上可知，第二季的获利成长率为67%。图表3-14的股价走势图上圈起来的数字，就是经常利益成长率。

对股价影响最大的情报，莫过于最近一个季度的获利成长率。我很惊讶这个数据竟然这么难以取得，这也代表大多数的投资者，都是在缺乏重要资信的情况下进行投资。换句话说，只要多花点功夫算出单季的经常利益成长率，就能领先别人一步。

算出单季经常利益成长率一点也不难，只是麻烦了点。但你要知道，当愈多人这么想（觉得麻烦），就代表掌握经常利益成长率，对投资是多么有利的一件事。

图表 3-14 Toridoll 的走势与单季经常利益成长率

■ Toridoll的周K线图

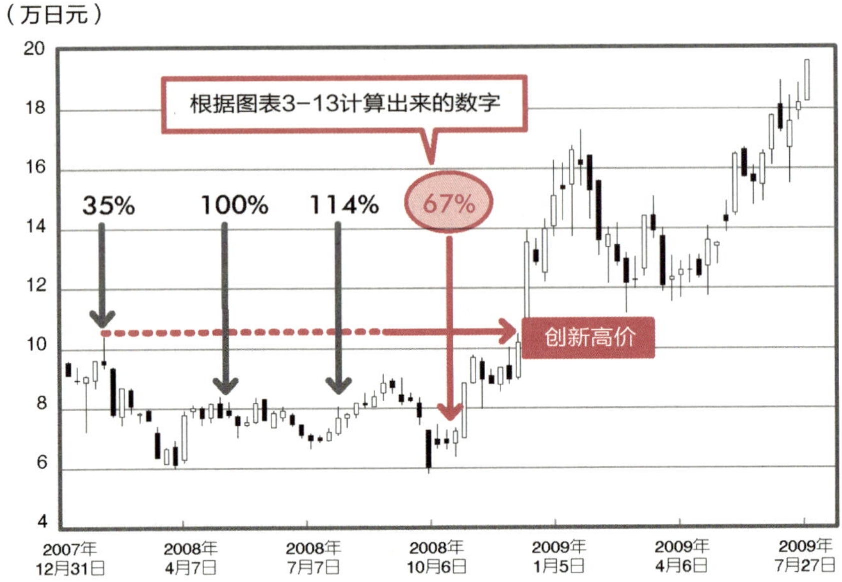

说明：数字是获利发表日当天的单季经常利益成长率。

获利重点

◎各季度的获利成长率通常不会公开，因此有很高的情报价值。

◎投资者可以利用上市柜公司的简明财务报表，算出各季度获利成长率。

5 第三步：确认未来获利能持续成长

基本面分析的最终目的，是确认公司“未来获利能否持续成长”，具体来说，就是从筛选出来的绩优股中再挑出绩优股。不过，以往大部分投资者预测公司未来获利时，使用的分析方法不够明确，还得详读公司的财务报表，寻找其中隐藏的线索；而我设计的公式非常简单，不必使用任何会计数据，就能帮你预测未来。

经过第一、第二步，我们已经找到过去获利表现优异的企业。但过去表现优异，不代表今后永远都能维持好光景。因此，第三步就是预测未来，分析企业的获利荣景能否持续下去。

投资者在分析未来展望时，很容易掺杂个人的主观意见，例如本来就不喜欢居酒屋的人，容易对居酒屋的股票评价偏低；当自己的公司获利变差，就以为外面也一样不景气；一次投资失策，就变得过度胆小……原本客观的判断力掺入“个人看法”后全都走了调。

大家都知道预测未来获利，远比参考过去的获利数字更重要，但要凭一己之力来分析这个投资股票最重要的部分，并不是件容易的事。何况目前手中握有的股票清单，都是经过第一、第二步筛选合格的绩优股。“已经通过两阶段筛选合格的标的，基本面早就无可挑剔，要如何从中再挑选更绩优的股票呢？”

方法很简单，就是第三步的“从绩优股中再挑选出绩优股”，接下来我将举例说明。

请回想小学、初中或高中时，如果班上有个同学是“建校以来最资优的高才生”或“全市最有名的钢琴高手”这种风云人物，你一定还记得他的长相和名字吧？相形之下，对班上成绩普通的同学就没印象了。

最顶尖的第一名会让人无法忽视，而我们要找的，就是这种投资标的；换句话说，挑选一家未来获利会持续成长超过20%的企业并不难。

基本面分析第一、第二步是参考财务报表，从中寻找可以指引未来的线索，目的只是确认企业是否具备持续五年以上5%或是7%的成长率，但事实上，我认为只要确认企业获利能否成长20%就足够了。如果一家企业每年都能成长20%，代表它本身一定拥有足以引领时代的强项，是其他竞争对手难以望其项背的。从这个切入点去分析企业的未来，才是最有效的方法。因此，在进行基本面分析的第三步时，要着眼于以下两点。

着眼点一：成长力是否无可动摇?

美国因为奉行股价至上主义，所以经营者常被批评太在乎每季获利，缺乏长期的经营策略；然而投资方法又是以美国为中心发展起来的，于是不光是美国，全世界的投资人都变得只在乎各季获利、追求公司的短期成长了。

投资者当然要重视各季获利，我也把这一点纳入第二步的选股基准里。老实说，第二步我可以只看成长率（如果你是投资生手，还是一步一步来）；说得更极端一点，在第二步根本不必知道公司名称及事业内容，只要知道股票代码就够了。就像投资者在讨论时，会以“4502”取代“武田药品”一样。

但是，厉害的投资者绝不会在不晓得公司名称及事业内容的情况下，就贸然投资。厉害的投资者不但看短期的获利变化，更会进一步分析企业的获利成长，是否奠基于长期的发展，再决定是否购买股票。要知道企业获利成长的理由，就必须深入了解其事业内容，因此基本面分析第三步的重点，就是掌握获利成长的本质。

基本面分析第三步的重点是判断：“不论今后发生什么事，该公司能否持续成长？”企业一旦具备成长的要素，就像“被成长要素死缠着不放”一样，无论发生什么事，获利都会持续成长。

企业获利要不受任何因素影响、持续成长并不容易，因为这世界有太多可以妨碍成长的因素了。景气变差正是最具代表性的因素。例如很多公司在2008年3月期的获利都创下史上最高纪录，但隔年马上出现赤字。此外，公司也可能因为币值升贬、利率升降或石油价格等因素，造成获利停止成长。

如果能投资不受上述情况影响、获利持续成长的公司，不但是最安全的选择，投资报酬率也很令人期待。

买股公式7：

选择无论发生什么事都会持续成长的标的。若觉得该股会因为一点点因素（如景气或币值）就使成长趋缓，就淘汰。

如何判断公司获利将不断成长？以下我用短期租赁公寓的经营模式来说明。相信当你读完后，也会认为“公司如果能做到这样的话，获利就会不断成长了”。

一般来说，短期租赁公寓的契约是2年，而只需投宿几天的人多半选择饭店。日本有一家饭店的预约网页上，想要住宿超过7天就会无法输入，想必是因为顾客的投宿天数最多都不超过7天，才会这样设计预约系统吧。在饭店一连住了5天，柜台人员还会跟我致意“感谢您长期住宿本饭店”呢。

然而近年来，7天以上、2年以内的短期住宿需求愈来愈大，例如从外县市到东京参加大考、离婚前的分居、公司长期外派、专程到远方的医院看病时，如果能够找到以月为出租单位的房子就好了。

Leopalace 就抓住了这个商机。他们的月租型公寓室内都附了家具及电视、微波炉等家电用品，房租包含水电瓦斯，还附网络，租赁超过30天还能以每10天为单位租赁，价格却只有饭店的三分之一。该公司拥有的房屋数量是竞争对手 Tsukasa 等公司的两倍以上，而且租屋率高达九成，其他同业很难追上（按：“背包客栈”网站有详细介绍，许多前往日本打工度假的台湾人也选择入住 Leopalace，通常简称 Leo）。

月租公寓大获成功后，来自各地的询问，如“我想把我的房子改建成月租公寓”“我想盖一栋新的月租公寓”蜂拥而来。我在2001年拜访该公司时，正值网络泡沫破灭、景气变差的时候，但该公司的大型会议室里，却挤满了来自全国各地的地主和屋主。任何人看到这种发展趋势，都能马上感受到那股势不可当的力量。

Leopalace 除了月租公寓外，还开发新的市场需求，让租屋者可先签3个月或6个月以上的契约，之后再视情况随时解约。很多租屋者最后都选择租赁2年，让租赁公寓的出租率变得更高。

着眼点二：能否用一句话说明成长的理由？

第二个着眼点是：当你能用一句话说明一家公司的成长重点时，才算是真正掌握了这家公司未来获利还能成长的理由。如果企业的成长没有一个明确的理由，根本无法吸引众多投资者来投资；要是企业成长的理由需要好几页的报告才能说清楚，将无法带动股价上涨。

相信你读完 Leopalace 的说明后，也会觉得“这家公司肯定会继续成长”吧。如果不能毫不迟疑地确信这家公司一定会成长，就不是真正值得投资的股票。只要稍有迟疑：“该公司获利真的会成长吗？”就要淘汰，即使你批评这样的判断靠的根本就是直觉也没错。

这种短期个人租赁需求并非一时的流行，而是时代趋势，因此在多数企业因不景气而苦于获利衰退之际，该公司的获利仍维持稳定成长。见图表3-15，该公司的经常利益在1998年3月期只有73亿日元，但到了2007年3月期已经成长9倍，变成730亿日元，年平均成长率高达29%；其股价也从1998年的最低价140日元，到2006年的最高价5150日元，上涨了将近36倍。

经过我这样解释之后，大多数人虽会频频点头表示理解，却还是会问：“可是，要找到这种公司，不容易吧？”会这样问的人大概觉得专家才可以轻松找到高成长的企业，散户应该就没办法了。

请你回想第一章我说过的重点——寻找顶尖公司非常简单，线索就在公司发布的投资者关系情报里。关于这一点，下一节内容详述。

图表 3-15 获利成长9倍，股价飙涨36倍

■ Leopalace的月K线图

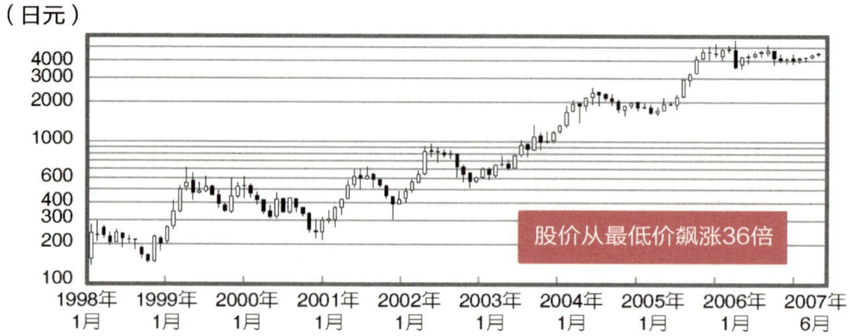

经常利益

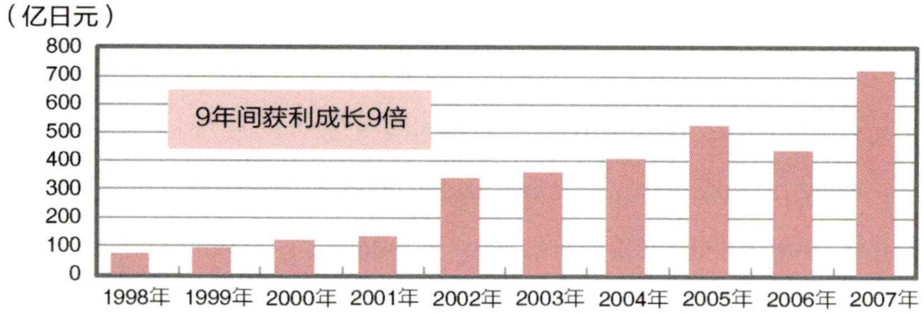

说明：图表是对数图；经常利益出自公司资料；1998代表1998年3月期。

获利重点

◎基本面分析的第三步：

①公司的成长力必须无可动摇。

②获利成长的理由，能用一句话来说明。

③绩优股自会发出耀眼光芒，不难寻找。

6 财报重要，但说明会情报价值更高

如何确认公司符合基本面分析的第三步——“未来获利能持续成长”？首先必须确认社会的发展趋势及政府的施政方针，对该事业会造成什么程度的影响。过去投资者都是照常识各自做判断，但其实有一种很简单的方法可以辨别。

最快捷径：听经营者怎么说

公司今后能否成长，光看财务报表的数字根本不会知道，必须确认社会潮流及政府施政方针是否有助于事业的发展。不过，要做出正确判断，必须要有相关资信，这些资信该如何收集？要探索社会潮流，个人的力量实在有限，不论是能收集到的资信量或分析能力，都比不上天天在该领域埋头苦干的人。

有一位超市经营者曾对我说：“林先生，你知道超市的购物篮都什么时候清洗吗？你也不喜欢使用脏掉的购物篮吧？所以，只要把购物篮洗干净，就能带来商机。”听他这么一说，我才发现自己去超市也会无意识地挑干净一点的购物篮来用。身为投资者，我会注意超市的热闹气氛及新商品的趋势，却不会去注意购物篮干不干净。

有关新商机及趋势的发展，请教站在第一线为扩大商机而奔走的经营者，是最快的方式；而想聆听经营者的意见，可以参加公司说明会。

此外，对于环境法令及倾销等议题，如果政府引进国际规范，对企业的收益影响甚巨，但不光是投资者，有时连业者也很难事前获得相关情报。不过因为这些问题会对公司造成极大影响，所以经营者都会收集最新情报，以便提早应对。因此在公司说明会上，这也是一定会提到的重点之一。

别怀疑，这些资信都免费

参加公司说明会最大的好处就是：你所需要的情报，大部分都能在这里取得。公司举办说明会的目的是提供有利于公司的情报，鼓励投资者购买股票，所以只要是有利于公司的趋势，一定都会在法人说明会上公布。每个人都能参加公司说明会，但有些说明会必须事先登记。

有人可能会想："利多消息要是让竞争对手知道不就糟了，应该不会透露那么多吧？"这种情况当然也会发生，但如果是连竞争对手也无法得知的秘密消息，股票市场当然也不会知道，自然不会反映在股价上。因此，你不必特地去打听公司说明会上没发表的消息。

不过参加公司说明会很花时间。光是往返会场就要浪费掉不少交通时间，而且说明会的议程由主办者安排，你不能想听时就听。所以最好的方式是上网看公司的说明会影片。因为这是线上影片，可以想看就看，又不必浪费时间特地跑一趟。有些公司受限于预算，只能上传语音档到公司官网上，但语音档已足够让投资者了解该公司的经营状况了。

附带一提，在经营者之中，创业社长的谈话尤其令人受益匪浅。因为可以从无到有创办一家公司，并让公司股票上市的人，都具有洞烛先机的眼力、领导部下的能力、努力不懈的身影，能够掌握机运。当然还有吸引人的笑容、充满斗志的热情及思考能力。

有人问我："从事投资法人的工作有什么乐趣？"我认为乐趣之一就是接触这些大人物。我常常觉得"今天能见到这位社长真好"，也永远忘不了相见时的情景。现在通过影片，一般投资者也可以亲自感受到经营者的魄力。光是让人觉得"真的可以免费获得这么多的资信吗？"说明会影片就极具价值了。

重要情报都在说明会影片里

从没看过公司说明会影片的人，或许会怀疑："光是听那些说明，就能知道公司未来获利会不会成长吗？"有时确实会出现让人听不懂的业界术语，但你根本不必担心，就算你不想努力了解，对方也会告诉你"重点就在这里"。因为公司说明会就像广告，是希望投资者购买股票的一种宣传。

比方说，在电视上看到咖喱饭的新商品广告时，没有人会认真看待广告内容，思考："这是新商品耶！哪里创新？味道？价格？还是更注重营养？"如果广告吸引不了你，你可能看过就忘了；但如果被广告的某个部分吸引了，你就有可能跑去买来吃吃看。

广告在选角时，一定会找最能带来宣传效果的演员；公司说明会也是一样，要宣传公司魅力，只能由最了解公司的人——社长亲自说明。因此，几乎所有的公司，都是由社长亲自主持公司说明会。

“随便听听”效果最好

不过，即使由社长亲自说明，宣传效果还是有限，因为多数公司都缺乏吸引投资者兴趣的魅力，如同电视广告的多数商品，都无法引起太多消费者注意。

对我来说，公司说明会是我的“摸鱼时间”。各位还记得高中上课怎么“摸鱼”吗？例如下一节英语课要小考，就利用这节数学课偷背英语单字。出席公司说明会或观看影片时也一样，刚开始可以把注意力放在手边的其他工作上，等开始说到公司如何维持获利成长的部分时，你的注意力自然会受到吸引，而放下手边的工作。

你不必为了寻找“这家公司的优势到底在哪？”而一字不漏地聆听公司说明会内容，你可以表现出“说点吸引人的话吧！这样我才要听”的态度。这种态度或许有点傲慢，但这就是一般消费者的态度——仿佛还没想好要买什么就走进店里，而表现出“看到好东西才要买”的态度——投资者选择投资标的也是这样。

一只股票如果没有吸引人的魅力，股价就不会上涨。面对热销商品或有未来展望的公司，不特别注意，你也会自然受到吸引。参加公司说明会时，听到“请注意这个重点”，你的注意力自然会被吸引过去。

“真的这么简单吗？”会这样想的人请务必真正去看一次说明会影片。刚开始看的一两家公司可能会让你觉得很无聊，但多看几家公司，自然会发现有投资魅力的公司。

不论是上网看影片还是实际出席说明会，该仔细听的重点我都列在下面。

①“景气发言”一出现就要淘汰

看影片的目的是了解公司过去是基于什么理由而成长，今后又会因为什么理由继续成长。出席专为法人举办的说明会时，一定会有人问到今年计划展几家店或是计划投资什么设备，但这些都只是证券分析师为了撰写报告而收集的情报，一点也不重要。投资者在公司说明会上最想知道的只有最根本性问题——企业成长的要因。成长要因的关键字，就是“景气”。请一定要牢记这个词的使用时机。

我们常常听到“景气好转，所以营业额可望增加”或是“景气衰退，因此获利有衰退趋势”的说法。在影片中，大概有八成的经营者都会说出这句话，而且还是出现在公司说明会开始不到五分钟内。只要听到这句“景气发言”，你就可以立刻淘汰这家公司了。如果你是出席公司说明会，需有中途离席的勇气；但如果是看线上影片，则随时可以关掉画面。

如同前文所说，决定购买股票的关键是：企业无论遇到什么状况，未来获利都能持续成长。如果因为景气衰退导致企业获利走下坡，投资者自然不会放心购买这种股票；但如果公司获利成长、股价上涨的理由是景气好转，基于景气对所有公司的影响都一样的前提，这不是等于要投资者同时购买所有公司的股票了吗？大多数的企业都会受到景气影响，如果要以景气为根据来选股，多数企业很快就会被淘汰了。

请先剔除这类公司，然后继续聆听通过筛选的说明会影片，判断该公司能否持续成长。这种公司并不多，经营者展现出来的态度也比较积极，你绝对不会看错。

看这种公司的说明会，会让人觉得公司的发展跟景气好坏一点也不相干，即使在现今这么不景气的环境下，听到经营者具体地说："目前公司员工人数不足，虽然已经增加招聘，但新进员工一时也无法立刻上战场，实在达不到预期的工作量，只好暂时拒绝接单。"就能确定这家公司成长动力十足。

②与业界其他公司的发展是否一致？

相同产业的股票会呈现相同走势。在大多数情况下，这是事实。既然如此，如果想买A公司股票，除了A公司的说明会，同业的B公司说明会也应该要参加。如果A公司在业界的未来发展极被看好，而B公司却不是如此的话，代表其中一定有问题。

我曾对美丽花圃公司（Beauty Kadan Co.）兴致勃勃，它是一家提供灵堂插花装饰服务的葬仪社。九州的灵堂多以菊花装饰，关东则是白木乌。但受到灵堂要布置得美轮美奂的流行趋势影响，2000年以前没有插花装饰灵堂的关东地区，如今美丽花圃公司市占率已超过30%了。

由于必须在灵堂现场插花，因此必须要有插花的技术人员。在关东地区，除了该公司之外，没有其他能培养插花技术人员的大型竞争对手，所以经营者认为公司获利一定能大幅成长。再加上人口趋向高龄化，未来葬礼商机只会变多不会减少。

不过，该公司的股价和获利成长却不如预期。我为了调查是哪个环节出错，决定参考其他葬仪社的说明会影片，才发现高龄化反而是收益成长的阻碍。

在影片中，其他公司的经营者都不看好葬仪社的未来发展。因为一个人如果是在职期间过世，很多同事都会前来吊唁，让葬礼显得隆重而热闹。但如果是退休之后，经过很长一段时间才寿终正寝，前来吊唁的前同事自然就会少了很多。所以高龄化只会缩小葬礼模式，而营业额是单价乘以数量，所以即使数量（死亡人数）增加，只要单价降低（因吊唁人数减少，造成葬礼简化），收益也无法成长。更何况，死亡人数的增加速度又很慢。

基本上，经营者在面对新变化时都很强势，有时还会把和公司毫无关系的社会趋势发展或政府政策，当成"对公司成长有利的因素"来宣传，即使实际的影响实在微不足道，但因为一般投资者不熟悉业界的内部情况，很难判断经营者的发言是否言过其实，所以才需要注意业界其他公司的发展。

③留意特别谨慎的发言内容

经营者在发言时通常会极力吹捧自家公司。一个本来就积极强势的人，即使身体很不舒服，也会先招呼一声："不好意思，我今天说话有点鼻音，但我会尽量大声说话。"再开始发表演说。当这样的经营者，发言开始倾向保守时，就代表获利比预期的还要糟，就像政治人物"因感冒住院"就代表其实已经罹患重病一样。

下面我将举例说明，哪些发言内容是必须特别注意的：

"因为比预期的更早进行设备投资，所以本期获利只能刚好达成预定目标，下一期就会开始大幅成长。""因为展店太快造成成本增加，本期获利没有达成预定目标，不过下一期展店数量就会减少，获利就会成长，两期合计的获利数字将远超过原定目标。""为了配合会计做账，我们把应该算进本期的营业额挪到下一期计算，获利也将计入下一期。这纯粹是会计手段，本公司的获利还是在稳健成长中。”

当你听到本期获利未达目标或刚好达标，不管理由是什么，都必须把对该公司的财务预测向下修正，因为谁也无法保证下一期不会再度因为相同理由造成获利衰退。绝大多数的投资者都只看公司公告的获利数字来决定买卖股票，尤其是当财务预测恶化时更是反应敏锐。这些人不知道什么是“下一期获利就会超乎预期”，所以一旦这些人卖出持股，股价便会下跌。

除了这些“有隐情”必须再比较本期及下一期获利表现的公司之外，还有很多正在持续成长的公司，现在该投资的是那些公司才对。等到这家公司下一期的获利真的成长了，再来考虑是否买进也不迟。

④为一般投资者举办的说明会，较具参考价值?

有些公司会准备两种影片，分别提供给一般投资者和投资法人参考，此时应该选择哪一种影片才好？时间充裕的人当然可以两种影片都看，但如果时间不够，可以只看给一般投资者参考的影片吗？我向来习惯两种都看，但我觉得给一般投资者参考的影片就已经做得很好了。

为法人举办的说明会，并没有所谓“只对投资法人公开”的重要情报，反而因为法人来过公司拜访很多趟，早就了解公司概况，说明会上只会发表细节部分。但这么做，并不会为所有的投资法人带来方便。

投资法人又可细分成各个业界专属的证券分析师，以及总括所有业界的基金经理人。证券分析师自然精通负责企业的状况，但必须兼顾所有产业的基金经理人，光听各公司的详细说明，并无法了解该公司的“内情”。

我们在公司说明会上想要听到的，是该公司能持续成长的理由，而这一点必定会在为一般投资者举办的说明会上提及，所以对专业的基金经理人来说，为一般投资者举办的说明会，较具参考价值。

而且在一般投资者的说明会上，还会介绍企业的事业组织。以制药公司为例，新药在研发成功之前，必须经历最基本的药效发现、动物实验、人体实验及众多患者的试验等过程。整个过程需历时多久、成功概率有多高，都会在一般投资者的说明会上说明。软件公司举办的说明会则会解释“何谓软件”等非常基本的技术概念，零售业的说明会则会放映店面的实况影片。

这些内容都很有趣，也会影响投资者的投资意愿，但是在法人说明会上，这些内容却被当成已知资信略过不提。

⑤说明会影片怎么找?

要怎么找到说明会影片呢？你可以在上市企业的官网首页找。公司的说明会影片属于重要资信，因此“投资者关系”的相关情报通常会放在最显眼的地方。只要寻找“投资者关系”或“公司说明会”或“影音资料”，就能找到影片链接。

但有些公司并未公开说明会影片，尤其规模愈小的公司愈是如此。这时该怎么办才好呢?

多数时候公司说明会上所使用的“说明会资料”是可以公开阅览的，请参考那些资料。因为企业现在获利成长的理由、未来能继续成长的竞争优势如何、阻碍成长的风险要素，通通都记录在上面了。你可以从各公司官网进入“投资者关系”页面，通常资料就放在里面。

此外，有些网页还会介绍“公司的事业形态”，并以图解来说明与其他公司的差异处。有些公司还会用影片介绍公司及产品。通常观看这些影片能帮助投资者快速了解该公司，所以一定要看。

比起说明会影片，简明财务报表更难搞定。财务报表上虽记载了企业的经营状况，但我很少从财务报表上掌握到重要讯息。我从财务报表上掌握到的讯息和我从说明会影片上获得的情报，简直判若云泥。

当你完全不知道该公司是做什么的，又只能从简明财务报表上获得资信时，我会建议暂缓对该公司的投资，因为你无法确定该公司的未来发展会如何。

获利重点

◎想要分析公司获利今后能否成长，最好的办法就是观看公司的说明会影片。它会用浅显易懂的方式说明今后公司获利会持续成长的理由。

◎当你听到“景气发言”，就可以淘汰这家公司了。80％以上的公司都属于这一类。

7 已经涨过头？本益比帮你判断

即使看好某家公司，也不能购买已经大量买超、涨幅过高的股票。但是，要怎么判断该股是不是已经涨过头？你可以用本益比来判断。本益比低的股票价格较低，因此投资法人也经常使用这个指标。不过，这当中存在着什么陷阱？本节将探讨本益比的本质。

我将在这一节，介绍一种非常简单又能让你立刻变身明星操盘手的投资法，如果你立志将来要成为专业基金经理人，阅读本节则非常重要。

投资股票最简单的方法，就是购买本益比低的股票（本益比的计算详见第139页）。投资法人的操作方式是大量买进股票，多半仅限于大型股，投资对象是市值前500的大企业。

如果把这500只股票按照本益比高低排序后分成两组，也就是本益比高的250家公司和本益比低的250家公司，然后比较这两组股票的绩效，会发现本益比低的公司投资绩效比较好。接下来我们一样按照本益比高低的排序，把这两组再拆分成四组，结果发现还是本益比最低的那一组投资绩效最好。

若再进一步细分成10组、也就是每50家公司为一组来分析投资绩效，会发现依旧是本益比最低的组别绩效最好，本益比最高的组别绩效最差，而中间组别的投资绩效，也会按照本益比的高低顺序排列。

因此，想要成为明星操盘手，只要买进本益比最低的50只股票即可。以我的经验来说，按照这种方式投资，通常可以获得超越大盘8%上下的报酬率。当然，本益比投资法也有失效的时候，但通常10年里有8年会成功。基金经理人只需采用低本益比这么简单的选股法，通常就能获得很好的绩效。

散户却不能靠本益比选股，因为……

如果我们继续进行分组，最后会变成一组当中只有一只股票，而且是市值前500大企业里，本益比最低的那只股票。然而，实际上散户如果只投资本益比最低的这只股票，并不会带来最高的投资效益。

我仔细分析市值前500大企业里，本益比最低的50只股票投资组合每个月的投资绩效，结果发现，当中投资绩效最高的三只股票，创造了该月三分之二的投资报酬。如果没有这三只股票，原本超过8%的投资报酬率将只剩下3%不到。

我觉得如果能了解这三只股票的特性，应该就能筛选出投资绩效最高的标的，为此我做了许多尝试，但还是找不出这三只股票能成为明星标的的原因。

例如：由于低本益比的投资组合，和低PBR（股价净值比）的投资组合，投资绩效其实差不多，于是我想："既然绩效差不多，投资组合里的成分股应该也差不多吧？"于是我做了一番调查，却发现两组股票的成分股差异很大。

于是我又想："既然两组的成分股差异很大、绩效却差不多，想必少数共同的成分股，就是提高投资绩效的关键。"没想到调查之后，却发现两组股票的共同标的，投资绩效都比较低。

其实如果真的本益比低股价就会涨、本益比高股价就会跌的话，投资者早就一窝蜂都用这个标准来选股了；但若真发生这种情形，结果就是所有股票的本益比都变成一样，但现实状况并不是这样。

除非你是职业操盘手，能一口气买进50只股票，否则只买一只股票时，用本益比来选股，不会产生相同的绩效。

一般散户不适合看本益比选股的理由有二：第一，如前文所说，想提高投资绩效，得一口气买进50只股票，这么庞大的投资组合可是连资产规模较大的人也管理不来。

第二个理由更重要——因为投资绩效太低了。职业操盘手若能创造高于市场8%的报酬率，就算是很优秀的投资专家了；然而当大盘跌到只剩一半时，一般投资人还能满足于-42%（-50%+8%）的报酬率吗？低本益比投资法虽然不是错误的投资方式，但效率实在太差了。

事实上，低本益比投资法也不太适合法人，而且采用这种投资方式的专家也不多，因为市场上本益比低的标的，多半是小型股，对大盘影响较大的，却是市值前50大企业（这50家企业的总市值，就占了大盘大概一半），法人都希望投资组合里，能纳入这些标的。

如果从法人所重视的市值前500大企业中，把本益比最低的50只股票纳入投资组合，这个比例等于只从市值前50大企业中选取5家企业，另外45家都不是市值排名最前茅的企业。

如果基金经理人这么操作，当顶尖企业的股票大涨，自己手中却没有这些股票，将拉大自己和对手的绩效差距。因此，与其绩效超越大盘8%且10年里有8年能居于领先地位，基金经理人宁可获得较低的报酬率，也要尽力避开这种“风险”，以免只有自己惨败。

本益比60倍以下，为筛选基准

那么，本益比应该要如何运用？总结前面的内容，可知“低本益比投资组合所囊括的明星股，比例将高于高本益比投资组合”。这就好像日文里有“秋田美人”和“九州男儿”这两个词汇，意思是说秋田有很多肌肤雪白的美人，九州有很多具有男子气概的男性，但实际走访当地之后，就会知道不是所有的人都是如此，本益比也是这样。

图表3-16列出了照本益比选股的问题点。低本益比投资组合里明

图表 3-16 低本益比选股法，不如创新高价投资组合

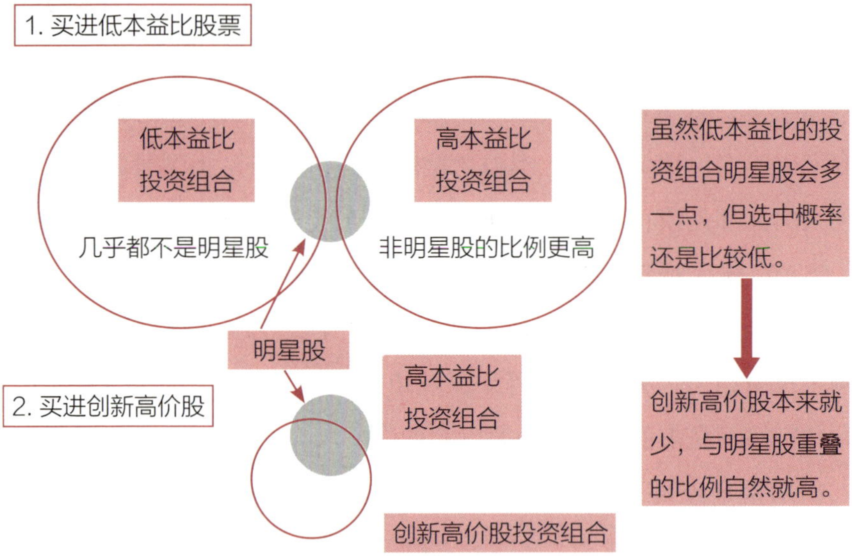

说明：本处的“明星股”是指市值排名前50的大企业。

星股不多，但比例还是高于高本益比投资组合。相形之下，创新高价股的投资组合，有更高概率找到明星股，因为能创新高价的股票本来就不多，要从这里面寻找明星股自然比较容易。

你可能会问："那么，本益比完全不值得参考吗？"并非如此。简单来说，高本益比标的会有买超（按：指法人对同一标的股的买进张数总数量，大于卖出张数总数量，是观察法人动向的重要指标）的风险（上涨概率低），最好避免购买。也就是说，本益比可以当作你选股的最后一道筛网。

那么，这道筛网的基准，应该设成多少呢?

买股公式8：

以本益比60倍为筛选基准即可，不必设定得太严格。

为什么是60倍？思考这个问题时，可参考企业股价创新高时的本益比，图表3-17正是为此整理出来的表格。当股价创新高时，有不少股票的本益比是个位数，也有很多股票的本益比落在10～20倍之间。

基本上，一半以上的股票都不到20倍。本益比落在30多倍、40多倍、50多倍的股票数量也愈来愈少，60～110倍之间完全没有标的，而最后2只股票的本益比则分别是114倍和154倍。

换句话说，本益比愈低愈容易出现创新高价股。当本益比来到50倍左右，虽然概率并不等于零，但也几乎看不到创新高价的股票了。由此可知，本益比在50倍以内会陆续出现创新高价股票，所以绝对不能忽视本益比的重要性。

那么，问题来了："即使股价创新高，高本益比的股票，再继续上

图表 3-17 当股价创新高时，本益比是多少？

股票代码	标的名称	股价（新高价）/日元	创新高价日期	本益比
7564	WORKMAN	1450	2005年8月	6
5411	JFE	3290	2005年9月	7
3397	Toridoll	103666	2008年12月	7
7541	MEGANETOP	397	2006年7月	7
7541	MEGANETOP	846	2009年3月	8
7456	松田产业	772	2005年2月	9
9104	商船三井	380	2003年8月	12
8888	Creed	325000	2005年7月	13
6440	JUKI	520	2005年8月	14
7122	近畿车辆	535	2009年4月	16
9616	共立维修	2291	2005年9月	16
6379	Shinko Plantech	974	2006年12月	16
4063	信越化学	4980	2005年9月	21
8801	三井不动产	1349	2005年8月	22
7733	Olympus	2130	2003年5月	23
8178	丸悦	668	2007年10月	23
4063	信越化学	7040	2006年9月	23
7102	日本车辆	352	2009年3月	42
6363	西岛制作所	1049	2007年2月	54
2766	日本风力开发	330000	2008年2月	56
2413	M3	226666	2005年2月	114
3722	VeriSign Japan	249000	2004年4月	154

说明：上述标的是作者取自日经金融电子报的连载资料。

涨的概率不是很低吗？”会这么问的人，一定是投资老手了。据我验证的结果，本益比50倍以上的股票，创新高价股本来就不多。

虽说本益比高的创新高价股很少变成明星股，但本益比只有个位数的股票和本益比50倍的股票，两者成为明星股的概率差距并不大。本益比超过60倍，确实会降低成功概率，因此高本益比仍是一种风险，应该避免购买。

本益比怎么算？

本益比的相关情报，可以从何处取得呢？本益比的英文是Price Earnings Ratio，其公式如下：

$$本益比=\frac{股价}{本期预估EPS}$$

假设目前股价是1000日元，本期预估EPS（每股盈余）是50日元的话，那么本益比就是：

$$本益比=\frac{1000日元}{50日元}=20（倍）$$

或许有人会问：“公式里的‘本期预估EPS’是什么？”很多公司都会公开自家公司的财务预测，预测本期可达到多少获利。公司公开发表的预估获利包括：经常利益、税后纯益及每股税后纯益，最后一个数字便是本期预估EPS。

如果要投资者在分析一家公司后，归纳出一个最重要的数字的话，那就是EPS。对投资者来说，投资对象是生产荞麦还是人工智能产品都无所谓。事实上，公司发表的简明财务报表，第一页根本没记载“公司是做什么的”，只有获利才是投资者关心的重点，而最能表现获利状况的，就是EPS（每股盈余）了。

以3月31日为会计年度决算日的公司，通常会在4月底到5月期间发表年度的决算结果（即年度的财务报表），并将下一个会计年度（明年3月之前）的预估数字（本期预估）记载在简明财务报表上。

不过，本期预估EPS会因公司现况产生变化，其变化通常会公告在第一、二、三季度的简明财务报表上，或是发布“本季财务预测修正相关通知书”。每年公告四次的简明财务报表，大多在固定时间发表，但修正财务预测的通知书则会不定期公告，所以在购买股票之前，请务必确认该公司有无修正财务预测数字。

（按：中国台湾从2005年起不再强制上市柜公司编制财务预测，也就是第112页图表3-12财务预测的部分，但仍有部分公司选择公开财务预测。已公开财务预测的上市柜公司，应于年度终了后一个月内，公告上年度财务预测达成情形的相关资信。财务预测则会通过法人说明会提出，有些公司还会召开记者会。分析师则有“法说会行情”的形容词。）

《公司四季报》上虽然也会记载本期预估EPS（按：中国台湾的《公司四季报》上的预估EPS不是企业发布，而是“本刊预估”的“每股纯益”），不一定是最新数字，还不如下载企业的简明财务报表，才能得到最正确信息（检索方式请见附录二）。

用简明财报算本益比，最准确

我们利用第112页图表3-12 Toridoll 的简明财务报表，来练习计算本益比。Toridoll 的年度预估EPS如下：

2009年3月期的预估EPS＝14660.36日元

简明财务报表公告日（2008年10月30日）当天的股价是：207800日元。

因此，Toridoll 当天的本益比计算如下：

$$预估本益比=\frac{207800}{14660.36}=14.2（倍）$$

针对预估本益比的数字，理论派的人可能会觉得：“如果现在是6月，距离明年5月的决算发表日还有11个月；如果现在是2月，则只剩下3个月。11个月后的预估数字，和3个月后的预估数字，意义完全不同，可以用在同样的地方吗？”

这是个好问题，所以为了克服这个理论上的漏洞，3月决算的公司会在每年1月以后使用明年度的预估数字，或是同时采用本期预估数字和下期预估数字，按照月份比例来计算12个月的预估EPS。

举例来说，假设现在是9月，对3月底决算的公司来说，从9月开始的12个月期间“有半年属于本期会计年度，半年归入下一期会计年度”。因此，本期和下一期的EPS相加再除以2，就是预估EPS。

我也曾针对这个计算方式进行验证，发现计算出来的结果和使用本期预估数字完全相同。由此可知，这种计算方式只会徒增麻烦而已。真正应该关心的是本益比数字是否过高，不必过分拘泥在计算方式上。

获利重点

◎低本益比的投资组合，只是变成明星股的概率较高，并不是所有低本益比的个股都会上涨。

◎以本益比为筛选基准，排除本益比高于60倍以上的标的。

8 买进后，随时准备卖出

我一直建议各位一定要投资未来还会持续成长的企业，但这样的公司，还是有可能会倒闭。看到这里，想必有读者认为："这位作者竟然介绍如此危险的投资法！"但我的意思其实是：即使公司前景可期，买进后还是要做随时卖出的准备。

股价当中，包含了对公司未来的展望。那么，从股价中，可以看到多远的未来呢？投资看的是公司前景，如果前景可期，就应该投资，问题是：没有人会知道公司将来会不会倒闭。

不过，只要看懂卖股信号，即使不能卖在最高点，也能在股价跌到某个程度之前全数出清持股（卖股信号会在第四章详细说明）。

即使是日本最优良的代表企业丰田汽车，在遇到下跌行情时，股价也从最高点下跌了70%。不过如果你早就卖掉手中持股，那么不管股价是否继续狂泻，都与你无关了；况且如果公司倒闭，跌幅可就不只是70%了，而是100%，但只要你及早卖出全数持股，自然不必在乎后来发生了什么事。

因此，不是我所推荐的投资法很危险，我想表达的是：即使是公认的时代宠儿、股价一飞冲天的公司，后来却因为经营不善而倒闭的例子，还真不少。

毕竟股价正在飙涨时，谁也想不到公司将来会倒闭；再说，如果只能锁定倒闭概率最低的投资标的，那就只能选择最具代表性的大型企业，这么做等于放弃了投资的乐趣。

我以2009年1月申请破产的 Creed 公司（见图表3-18）为例来说明。该公司股价在2004年4月创下32.5万日元新高后，2005年7月股价再度创新高。这正是近年来高价的买点。半年之后的2006年1月，该公司股价攀升至75.7万日元，上涨超过1倍。

至于股价创新高价时期的公司获利，2003年5月期的经常利益与去年同期相比成长率是81%，2004年5月期的成长率是40%，2005年5月期的成长率则是62%，表现相当亮眼。由此可判断，2005年7月正是买股的绝佳时机。

接着，我们回过头来看 Creed 是一家什么样的公司。日本泡沫经济破灭虽然使得大多数企业缩小事业规模，但有一种行业却因此获得新商机，那就是不动产重整事业。

泡沫经济时期（按：20世纪80年代后期至20世纪90年代初期），在不动产投机风潮的席卷下，就连过去乏人问津的土地也大幅上涨。但在泡沫经济破灭后，不动产价格暴跌，连带使得不动产相关企业倒闭，只剩下“过去乏人问津的土地”变成担保品留在银行里——净是无法兴建大楼的畸零地，或是利害关系复杂的土地（银行以外的抵押权所有人介入，或是地权的持有者众多）。有些不动产的价格甚至跌到只剩担保价格的5%。

银行原本打算留着担保的土地等待景气恢复，但过了十年依旧不见恢复征兆，企业的耐心也到了极限，终于决定停损。但银行并非不动产业者，没有能力以适当的价格销出物件，于是不动产商机出现了。无论是多奇怪的畸零地，只要降价就会有买家，利害关系再复杂的土地，只要解决这个问题，还是可以销出去。

图表 3-18 股价创新高后却申请破产

■ Creed的股价及获利

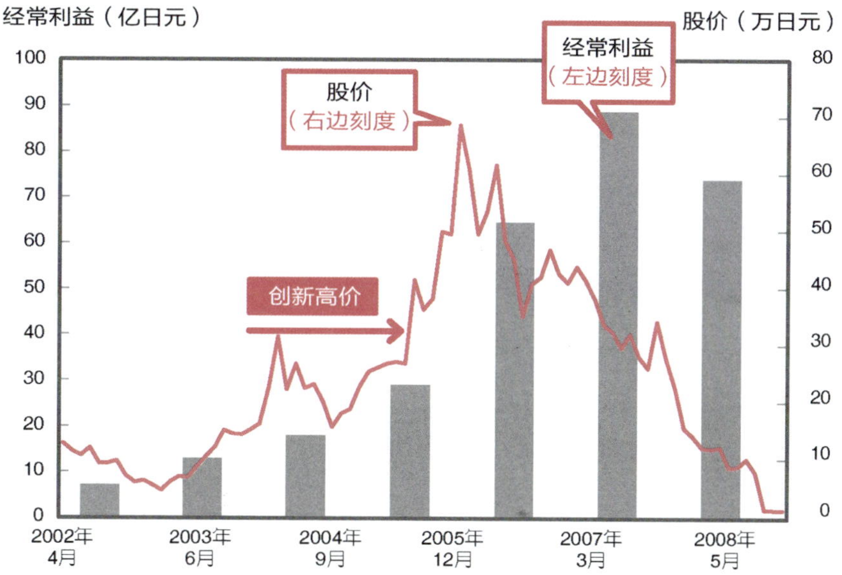

在这片不动产重整业的商机中，Creed 是最具代表性的企业，可见 Creed 当时是多么受到关爱的时代宠儿，这一点也表现在公司获利上，当时有谁料得到，它会有申请破产的一天呢？

公司的未来会如何，连经营者本人都不知道。投资股票只能看到公司近期的发展，因此，选在股价创新高、投资者开始对企业的未来产生信心的时候进场，才是最聪明的选择。

然后，在买进股票之后，就要做好行情随时可能下跌的心理准备。

获利重点

◎即使是现在成长快速的企业，也无法预知未来发展会如何。经营者和投资者都只能努力掌握近期的获利表现。

第四章

三种情况出现，你该立刻卖股！

放假时我喜欢搭着火车四处旅行，有时搭快车，有时搭慢车，有时还会中途转搭公车，总之就是随心所欲、漫无目的。但回程就不是这样了，因为早就疲惫不堪，总是直接回家。旅行的去程和回程对我而言有着不同的意义：去程充满期待与迷惑，回程就只想着回家，这种心情，和股票买卖其实很像。

很多人以为买股和卖股是一体两面的同一件事，事实上这两种行为的目的不同，中间的心路历程也完全不一样。买股是从所有股票中，筛选出自己中意的标的，无论筛选条件多严格都不为过。选好买下后，万一淘汰的股票中出现飙涨股，也不过是损失一次获利机会，只要自己选中的股票会涨就好。

卖股就不一样了，一旦买下某只股票，无论是上涨获利还是下跌赔钱，总有一天都得卖出。跟买股不同的是，要卖出的标的早就决定好了。卖出股票是确定获利（损失）的行为，买股时可能还会感到迷惘，但卖出时完全不必迷惘，只要按照卖股公式执行即可。

投资者必须充分了解卖出股票的理由，否则面临必须卖股的时刻，可能会犹豫不决（这绝对是大忌！）。本章将说明遇到哪三种时刻必须卖出股票，而无论是哪种情况，都请务必确实执行卖股公式。

1 行家绝不会设定“涨到几块钱就卖掉”

我将在本节解释上升行情的特征。你可能会问：“不是要说明卖股公式吗？怎么会是解释上升行情？”因为投资的目的就是为了卖在高点，所以有必要了解上升行情的特征。一旦你明白了这一点，就再也不会预设“涨到几块钱就卖掉”的目标，而是学会掌握正确的卖股时机。

当你看多了股价走势图，就会发现股价创新高价前后的波动有很大的不同。在股价创新高之前，尽管企业有获利支撑，还是维持好一段时间的缓慢波动。就连获利表现亮眼的公司，其股票的投资绩效依旧低于市场平均值，股价一点也不合理。

为什么会这样？因为投资者不买，所以股价不涨。也就是说，大部分的投资者都对该公司的未来获利没有信心。假设我们确实知道所有的股票获利，都会以年利率（例如24%）的幅度成长，那么股价也应该像银行存款一样，本金加上利息会随着时间而增加，而且增加幅度是每年24%、每个月2%，或是每周0.5%。

然而，股票投资没有所谓“确实知道”这件事。企业近期的获利再好，投资者也无法确信好景能否持续下去，因此股价会跟着投资者的信心上下波动。不过，等到股价创新高后，情况便完全改观。许多人会注意到这只股票，于是股价每天创新高、成交量会开始增加，就像要讨回过去缓慢波动时所浪费的时间似的，一口气飙涨上去。有的股票暴涨起来气势如虹，这代表多数人对该公司的未来获利深具信心。

在股价创新高之前，投资者对公司未来能否长期成长抱持怀疑眼光，直到价格创新高的那一刻才突然改观。这是因为投资者没有先见之明，看不出这是一只好股票吗？并不是，这是因为股票投资只能预测到下一阶段的发展，因此股价在创新高价之后，波动才会如此剧烈。

买气旺，股价才会涨

根据日本《大辞泉》辞典的解释，谚语“有福不用忙”的意思是：“凭人力不能使幸福造访，只能耐心等待时机。”这个谚语也可以用在股票投资上，意思是：“只要搭上获利的顺风车，股价就会抓住涨势，使获利达到最大。”想让你手上的股票获利增加，要靠市场人气，而非个人的力量，所以我们只能耐心等待股价飙涨。

有市场人气加持的股票，就像坐上开往高山的“山顶列车”，列车一旦起步，就会产生加速度。市场人气会加快股价的涨势，而且让股价毫无理由地长期上涨，尤其当股价快要涨至最高点之前，涨势更是猛烈。

我们来看一个实际例子。图表4–1的 JFE 控股公司（日本钢铁龙头之一）在创新高价后，股价连涨了23个月。这段时间有17个月都是阳线，而且股价创新高价后的连续7个月也都是阳线（见第151页“一分钟认识 K 线图”）。

注重基本面分析的投资者看到这种情况，可能会觉得：“该股的涨势比获利的成长幅度还要快，最好把股票卖掉。”以 JFE 控股公司来

图表 4-1

在上升行情中涨势强劲的实例

■ JFE控股公司的月K线图

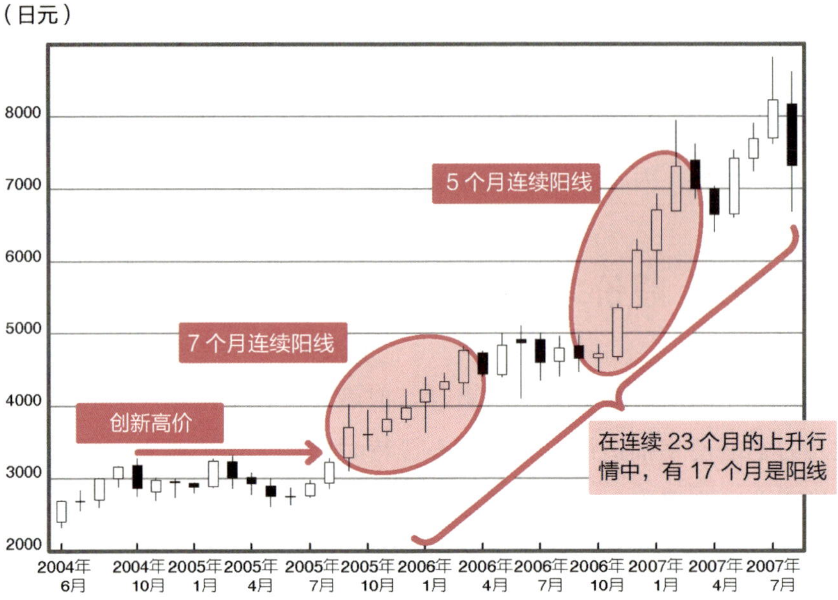

说明：表中年份为西元纪年。

说，股价在短期之内就上涨两倍以上，远超过该公司获利的成长幅度。

用我前两章所介绍的投资法进行投资，买到的都是随着世界发展趋势成长的股票。世界往往会朝着大家意想不到的趋势发展，像是谁也预测不到网络商机会一下子热络起来，也不知道雷曼兄弟会造成全球瞬间陷入不景气。

由于趋势发展无法事先预知，所以绝不能设定上涨多少就卖出的目标价，况且在投资学里，也没有所谓“股价上涨多少就会暂时进入稳定期”的统计数字。因此，预设一个股价涨到某价格就卖掉的目标价，一点意义也没有。

一分钟认识K线

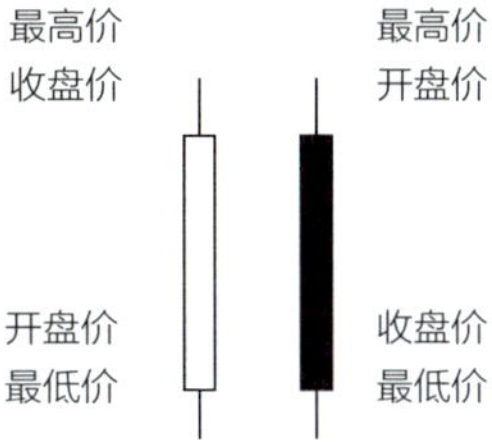 阳线　阴线	K线又称阴阳线，原本是日本米商用来记录米市的行情波动用的，后因标画方法具有独到之处，在股市及期货市场被广泛采用。阴阳线的标记方式是： 阳线：收盘价＞开盘价，代表上涨； 阴线：收盘价＜开盘价，代表下跌。 粗线称为“实体”，细线称为“影线”，实体上方细线称为“上影线”，实体下方细线称为“下影线”。
 长白	实体幅度大，上下影线短，代表强烈涨势。
 长黑	实体幅度大，上下影线短，代表大跌。
 蜡烛	开盘价＝最低价，白线实体长，上影线短。 代表反转的征兆，上影线愈短，反弹的力道愈强劲。
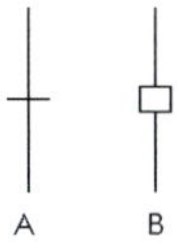 十字线	开盘价＝收盘价，上下影线比实体线长， 代表买方与卖方的力道差不多。
 T字线	收盘价＝开盘价＝最高价，下影线极长。 代表多方发动攻势的前兆。
 倒T字线	收盘价＝开盘价＝最低价，上影线极长， 代表多头反转的前兆。
 一字线	代表跳空涨停或跳空跌停。 跳空涨停：代表股票太热门，一开盘就开出涨停价，但卖家惜售，所以一路维持涨停价格到收盘。 跳空跌停：代表大家抢着卖，但卖不出去，所以一路维持跌停价，直到收盘。

成为主力股，股价将一飞冲天！

当股价上涨的速度快过公司获利成长的速度时，并非单纯的涨幅过大，而是因为未来获利提早被计入股价了。代表性的标的就是集市场人气于一身的主力股。

最典型例子就是图表4-2的日本电工。该公司在日本股市一片惨跌的情况下一枝独秀。由于全球商品价格大涨，该公司生产的锰铁（锰与铁合成的铁合金）也应声涨价，使得该公司的获利呈直线成长，连续八

图表 4-2 大盘指数暴跌时，股价依然上涨

■ 连续八季大涨的日本电工月K线图

说明：左侧是以2006年1月的股价为基准点的涨跌幅变化率。

季（两年）的获利都大幅增加。即使是这段获利成长幅度最小的时期，和2007年同期相比，经常利益的成长率也高达64%。

日本电工的股价从2006年6月的282日元，上涨至2008年5月的1182日元，2年来成长为原来的4倍。当股价涨至高点时，该公司的获利依然持续大幅增加，甚至到2009年2月发表的2008年第四季财务报表（亦即2008会计年度的财务报表，此时已经发生金融风暴）中，获利成长率还有16%，而这时已是股价到达高点之后8个月的事了。换句话说，原本应该跟着公司获利，在这8个月内慢慢涨的股价，早就已经急剧上涨了。

还不到停损标准，就该继续持有

所以，投资者在面对股票价格开始如火山喷发般暴涨时，如果能够不因涨势凶猛而感到畏惧，就有机会赚到最高报酬。可是一般人在股票上涨后，都想立刻获利了结。图表4–3的满足曲线，可以说明投资者的心态。

当股价开始高于买价，投资者的满足感也会突然大增。此时涨势只要稍微趋缓，满足感就会大幅减退，于是投资者就会想：“已经赚钱了，就卖掉吧！”这可不是专业投资者会有的态度。

如果投资者的满足感跟理论上的一样，则获利20%时的满足感，将是获利10%时的两倍，就不会觉得：“已经赚了钱，快点获利了结吧。”但现实并非如此。

投资股票的重点是：只要买进的股票还不到停损标准，就应该继续持有，让获利继续增加。

图表 4-3 **股价才刚涨上去，为何就想卖？**

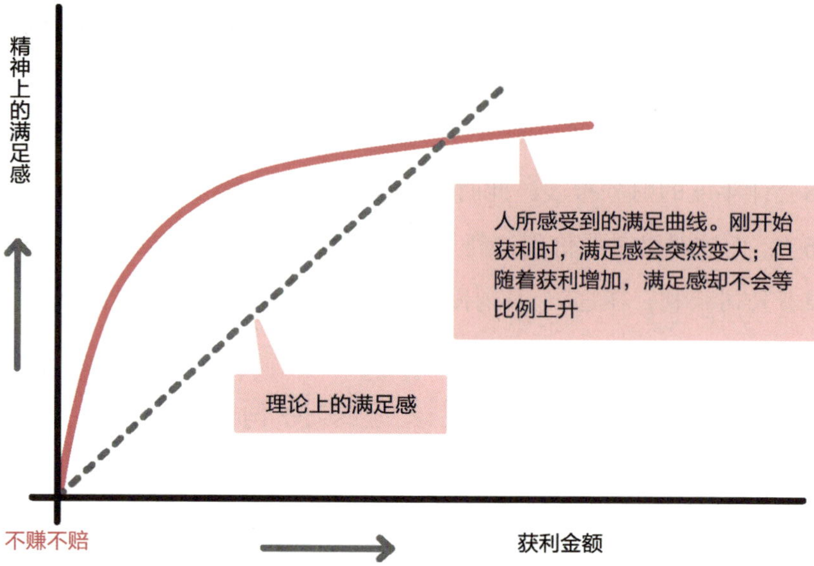

获利重点

◎股票在突破新高价后就会一路上涨，涨势和先前的缓慢波动完全不一样。

◎股价在涨到最高点前的涨势最惊人，要是太早卖掉非常可惜，因此别一到“目标价”就卖掉。

2 看出暴跌迹象，就不会大亏

股价涨势再凶猛，还是会有下跌的一天。那么，下跌行情有什么特征？只要看出下跌行情的特征，就不怕会赔钱了。

日本有一句谚语说：“明天得一百，不如今天得五十。”意思是确保眼前获利，比追求最大获利重要。日本的行情分析大师石井久（立花证券创办人）就以这句谚语当作座右铭，演讲时也不断强调这一点，意思是：买进的股票必须卖掉才算完成交易，但因为股价的未来走势难以断定，所以必须在恰当的时机卖出持股。

或许有人会质疑：“那不就和你前面说的‘有福不用忙’自相矛盾吗？你不是说过股票一开始上涨，根本不知道会涨到多高，所以不能轻易卖出吗？”你会产生这种疑惑非常正常，就让我在这里好好解释一番。

不知道股价可以涨到多高，表示涨势也有可能马上就结束。在卖股信号尚未出现之前，绝对不该卖掉股票，可是一看到卖股信号出现，就必须“马上”卖掉，因为接下来就会出现“暴跌”。

当股价长期上涨，投资者就会盲目地期待“还会再涨上去”，但这是错误的。因为一旦跌势来临，股价将会暴跌。这就是下跌行情的本质。

金融商品都一样，跌势一定比涨势猛烈

我来解释卖股的重点为什么是“暴跌”，因为下跌的速度快得吓人。上升行情和下跌行情的特性不同，两者的走势并非左右对称。一般来说，股价上涨需要较长的时间酝酿，下跌却可以在很短时间内就实现，这是因为只要出现一丝丝利空消息，胆小的投资人就会立刻脱手。

股价下跌通常只需上涨期间的二分之一到三分之一时间，有时下跌速度还会更快。见图表4-4，日经平均指数从2003年4月28日的7607点上涨至2007年7月9日的18261点，历时1533天。之后便逆转为下跌行情，并在2009年3月10日跌至7054点，历时610天。你可以发现，下跌期间不到上涨期间的一半，可见跌势多么猛烈。

不光只有股票这样，所有的金融商品都一样。2000年最具代表性的大波动就是原油价格，从2001年11月的底价16.7美元开始上涨，到了2008年7月涨至147美元，之后价格开始下跌，并在2008年12月跌至32美元。上涨所需天数是2426天，下跌却只要161天。

或许有人会想：“既然跌势如此猛烈，有没有办法在跌势开始之前就看出来？”很遗憾，没有任何方法可以精准预测出股价的最高点。即便如此，在上升行情期间卖掉股票，还是愚蠢至极。因此，投资者必须先确认股价已经涨到最高点，然后在股价开始下跌期间出脱。

基于上述理由，本书的投资策略是选定一只获利成长稳定的股票，然后长期持有，而非每天进行交易。尽管是中长期投资，但因为股价跌势总是呈现加速度，卖股的本质始终是“壮士断腕”。

我一直强调“暴跌”，其意取自日本谚语“从清水舞台跳下去”（按：传说如果从京都清水寺的清水舞台跳下去却没死，所许的愿望就

图表 4-4 **跌势比涨势猛烈**

■ 日经平均指数的月K线图

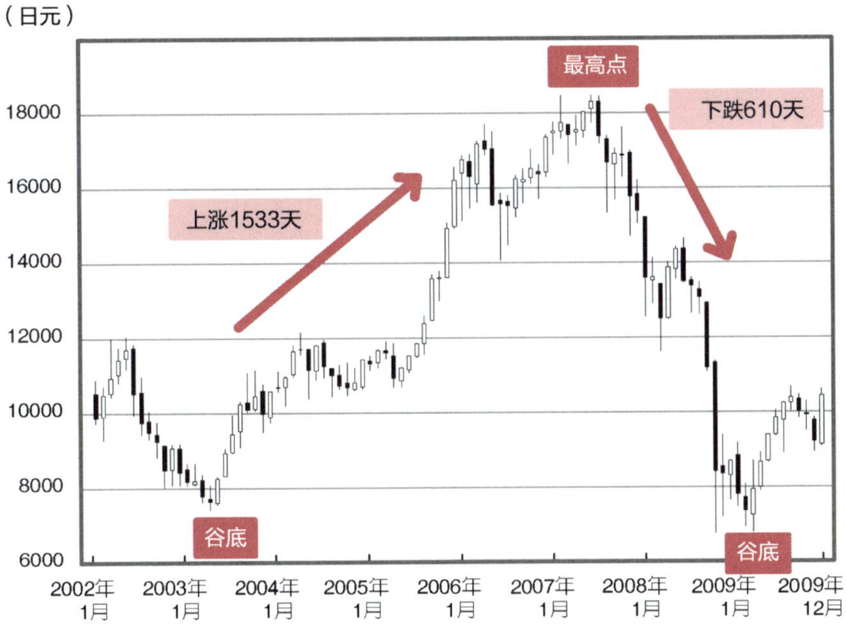

说明：表中年份为西元纪年。

会实现，后来引申为做事有破釜沉舟的决心）。从投资的观点来解释“暴跌”，就是不要三心二意，觉得：“股价会不会多少回升一点？现在卖掉不会太可惜吗？”请爽快地卖掉股票。

卖股信号会出现在股价从最近高价往下跌了一点、并且可据此确认股价已达到最高点时。此时千万不可以有“等价格回到原来高点后再卖掉”的想法，因为一旦跌势开始加速度进行，很快便会惨跌了。

一旦买进股票，就必须忘掉你买进的价格。股票软件通常会提供一种服务，只要输入个人的持股数量及买进价格，就会自动帮你试算出股票投资组合今天未实现的损益数字是多少。我强烈建议你别使用这个功能，因为今日的价格便是一切，和当初购买的价格完全无关。

还有，有些人在卖掉股票之后还会想着："要是没那么早卖掉，就可以赚更多了……"但是从暴跌的观点来看，这完全是错误的想法。卖出的那一瞬间，就应该忘掉你卖出的股票。

一日暴跌行情，你该买还是卖？

美国的道琼斯工业指数于2010年5月6日，留下了一个历史下跌纪录。见图表4-5的单日K线图，当日跌幅一度来到–9.2%，跌了将近1000点，到收盘时又回升到–3.3%。成交量随着跌势加速而增加，可见多数投资者都以为指数将进一步下跌（指数后来回涨时，成交量也增加了，这是因为投资者看到股价回涨，原本卖空的大户又赶紧回补的关系）。

如果说"收盘价代表投资者当天的整体判断"，那么以低于收盘价的价格卖出股票的人，等于卖出价格比所有的投资者都还要低，也因此被视为笨蛋。何况那天以最低价卖出的投资者还不是普通的笨蛋，因为从收盘价（–3.3%）到最底价（–9.2%）之间，差距可是5.9%！后来当局宣布该日的下跌是程式交易系统出错造成的，因此部分交易被视为无效。所谓的程式交易，是根据过去的股价波动类型，在出现某种程度的涨跌时，判断股价将持续相同走势，而决定买卖股票的交易系统。最近尤其流行在行情瞬间波动时进行交易，使得行情瞬间就决定了波动方向。此系统是根据过去的股价波动类型做判断，因此在遇到过去不曾出现过的波动时，系统就会无法正常运作。

少数的操作失误并不会造成大盘的大幅下跌，所以这是系统失误才

图表 4-5 美国道琼斯工业指数瞬间暴跌近1000点

■2010年5月6日的单日K线图

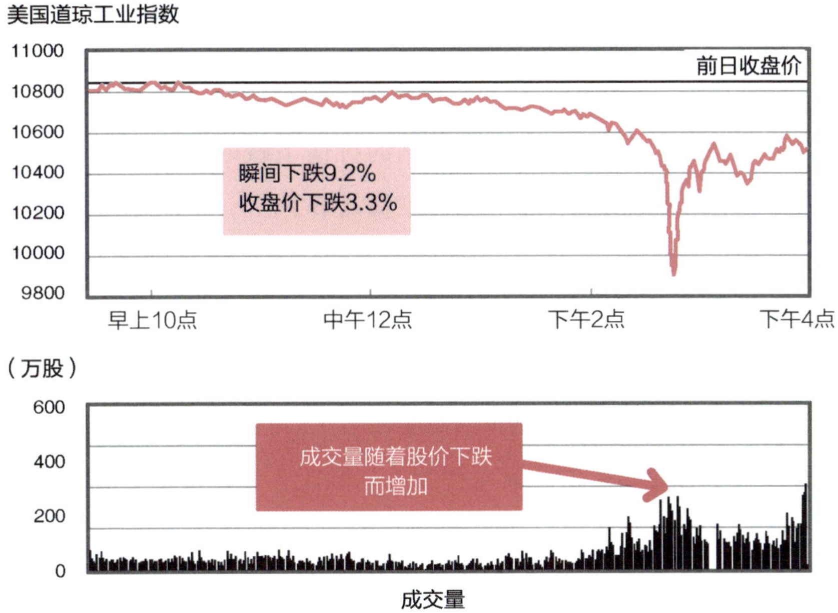

会出现大量卖超。至于同一时间会出现如此大量的卖超，是因为纽约股市有七成交易都属于程式交易。因此，像纽约股市这种全世界最大的股票市场，出现单日大幅下跌（或上涨）的情况也就不足为奇了。

今后还是有可能发生美国5月6日这种先大跌再上涨的情况，除了系统的疏失，投资人经由个人判断后所采取的行动，也可能引发相同情况，这就是这件事带给我们的教训。

股市很可能在下一次出现更大的跌幅，到那时当局也可能不再认为是系统的疏失。毕竟在下跌行情里，我们不知道会发生什么事。

卖股条件必须既简单又明确！

股价下跌的速度非常快，但持股必须在暴跌之前脱手才行。为此，事先设定好卖股条件并严格执行，才是最好的办法。卖股比买股简单，只要一发现以下三种情况，就要立刻卖掉：

①停损：当股价背离当初预测的行情下跌时，不管理由是什么，都要立刻卖出股票（参见第四章第六节）。

②基本面恶化：公司出现利空消息时，立刻卖出股票（参见第四章第三节）。

③进行技术面分析时，发现卖股信号：评估股价已经涨到最高点时，立刻卖出股票（参见第四章第四节）。

这三大卖股原则是依照紧急程度排列顺序，只要按照本书内容采取行动，你不但能确保获利，还能大大减少股价暴跌时持有股票的风险。

获利重点

◎下跌行情来得比上涨行情快，短期内就会出现大量股票抛售的情况。

◎卖股的重点是暴跌时“壮士断腕”。一旦决定卖股，就要果决地斩断“等股价再回涨一些”的观望之心。

3 怎样的坏消息才是真的坏消息？

当公司出现坏消息时，投资者容易因为思绪慌乱“怎么办？要卖吗？还是再观望？”而任由时间流逝，迟迟做不出卖股决定。因此，针对“怎样的坏消息代表必须立刻卖出股票”，必须要有明确的基准，而且要牢牢记住。

公司每天都会发布新消息，投资者买进股票后，就不必再注意好消息了。因为就算听到有助于股价上涨的利多，也没有可以采取的行动；另一方面，买股之后，对坏消息则必须敏感，因为坏消息是股价下跌的根本原因，投资者必须根据坏消息来决定要不要抛售股票。

但什么才是坏消息？什么不是坏消息？有时在判断上难免会产生意见分歧。例如：某零售业者的一家门市，卖的饺子被掺进毒药，对投资者而言，这算是必须抛售股票的坏消息吗？某公司某个月的营业额成长率大幅衰退，这算是必须出清持股的坏消息吗？

人类习惯逃避思考过于复杂的事，所以在听到坏消息时，多半会做出“再观望看看”的结论。等到股价大跌之后，又会觉得“反正已经跌了这么多，想必已经利空出尽，不会再跌了”。没料到隔天股价再度下杀。通常在投资者做出卖股决定之前，股价已经跌了两到三成，可见这种拖延战术会带来最大的伤害。

因此，你必须先确定好卖股基准，然后“符合基准就立即卖出，不符合就不必理会”。具体而言，什么是会造成利空的消息呢？必须立即卖股的消息有以下两种。

【会造成利空的坏消息】

1. 获利恶化的消息

2. 有损公司信用的消息

投资者会购买股票是因为公司获利良好，这样的好成绩一旦蒙上阴影，就该卖掉股票了。还有，一旦出现有损公司信用的消息（意外事故、丑闻等），使公司信用评价倒退，就会流失客户、影响收益；这种时候也应该卖股票。

另一方面，什么样的消息不会影响股价呢？

【不会影响股价的消息】

人事异动

配股的增减额度新产品新事业（创设子公司、进出海外）

变更公司章程

股东会……

各位可能会觉得奇怪，为什么配股和新产品这两项消息不会影响股价？

配股是增加还是减少固然重要，但在此之前，公司早就已经公布企业获利是成长还是衰退了。投资者关心的是获利的变化，而不是“事后处理”的配股政策。

公司开发新产品或投入新事业的消息固然重要，但这不该是在财经新闻中了解的事项。公司说明会（或影片）上，经营者都会说明投入新事业的理由及方针，所以这方面的消息请以说明会的内容为主。以我的经验来说，有关新产品或新事业的新闻都很枯燥无聊，而且往往看过之后还是搞不清楚事情的来龙去脉。

接下来让我们回到本节的主题，来看利空消息的具体例子。

获利成长不到20%，立刻卖

没有人认为获利恶化是买股的利多消息，但获利要恶化到什么程度才必须卖掉股票，判断标准就因人而异了。举例来说，财报出现亏损当然是利空，但即使是获利成长，只有5%或15%的成长算多吗？

其实投资者根本不必为此犹豫不决。请回想前文说过的买股具体条件——单季获利成长率（与去年同期比）必须符合营业额10%、获利20%的条件，其中尤以获利成长20%最为重要。持有股票的前提就是维持上述的成长率；反过来说，如果不能维持20%的获利成长率，就必须卖掉股票。

也许有人会想："获利成长不到20%，就叫做利空消息吗？这个标准未免也太严苛了吧？"但请记住你购买的是创新高价股，创新高价股若想再创新高，就必须具备更大的成长能量。

> **卖股公式1：**
>
> **近期获利成长（与去年同期比）不到20%，立即卖出。**

我们根据这道公式来看下面三种情况。这里多举了几家公司当例子，是因为每家公司“出现利空消息”与“股价下跌”之间的关联性都不同。也就是说，有些公司会因为利空消息使股价应声下跌，有些公司则是先维持一段时间的稳定波动，然后才开始下跌。

我们无法预知股价会不会“立刻下跌”，所以基本上我会建议“立即卖出股票”，但你还是得知道当利空消息出现时，股价会有很多种不同的反应。

①当季获利成长未达20%，卖

图表4-6的上图是日本雅虎创新高价前后的股价走势图，该公司在股价创新高后的10月24日公布获利成长18%（2007年第二季度），由于过去一年的各季经常利益与去年同期比，成长率依序是31%、30%、24%、24%，获利表现亮眼，现在却首次出现获利成长不到20%、只有18%的情况。

这表示这只股票的成长动能已经衰退，于是投资者失去信心，决定隔天开始抛售股票。因此隔天一开盘，股价便从前一天的收盘价（5.58万日元）下跌9%，来到5.08万日元。这就是获利成长不到20%导致利空的最好例子。

第166页图表4-7是日本回转寿司连锁店Kappa Create的走势图。Kappa Create原本因为走低价策略、加上店面重新装潢，使得上一季获利成长25%、上上季获利成长53%，可说是大幅成长，但自从在2009年10月5日公布第二季度获利只有2%的成长后，投资者认为该公司的成长已经停止，股价也因为这份季报而中止涨势（此外，该股股价在创新高价

图表 4-6 当季获利成长未达20%，卖

■ 日本雅虎的K线图

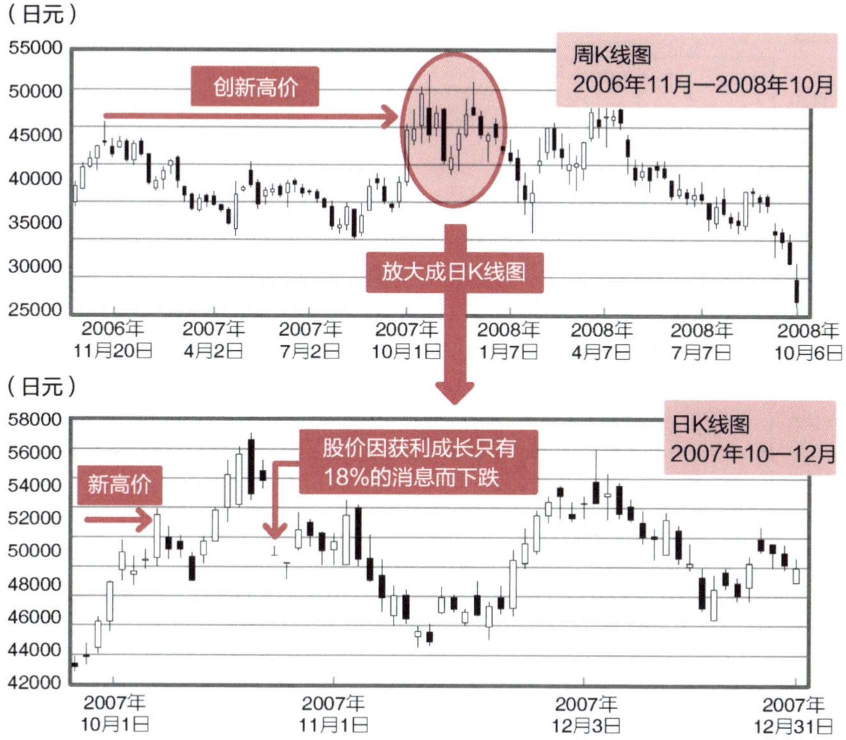

之前便开始崩盘，并未达到我们的买股基准）。这个例子说明了当获利成长率只剩2%时，会改变中长期的股价变化。

图表 4-7 **获利成长率太低，投资者就会开始抛售持股**

■ Kappa Create的周K线图

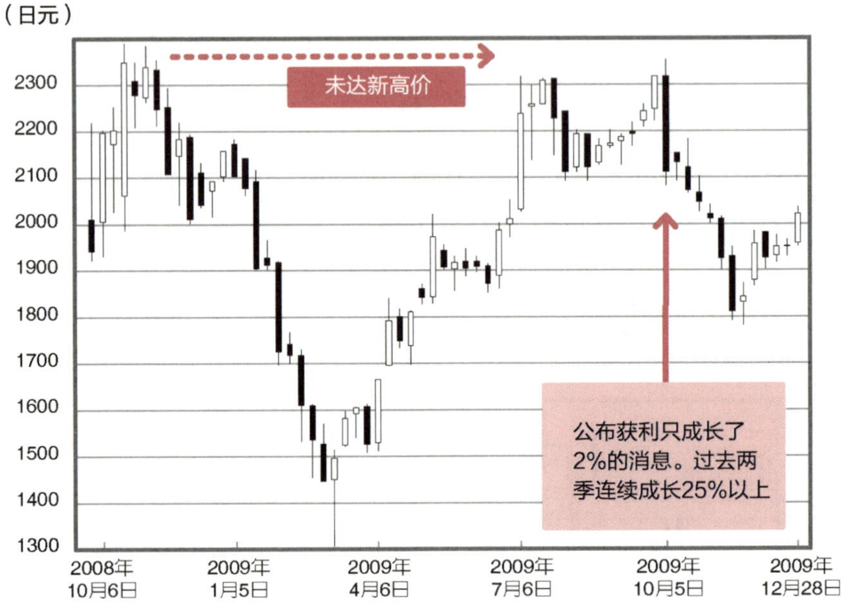

②财测向下修正，卖

当公司发布的财测数字向下修正时，不论修正数字是大是小，都要“立即卖出股票”。图表4-8是Digital Hearts（科技公司，提供电子产品软件整合、侦错、排除故障程序等服务）的股价走势图。这家公司连续两季获利成长率分别高达40%及128%，使得股价在创新高后仍持续上涨。

但是在2009年7月30日发表的第一季度财报中，获利成长率出

图表 4-8 财测向下修正，卖

■ Digital Hearts的周K线图

现-68%的衰退，同时又将上半年度的财测向下修正为-37%，使得股价停止上涨。然而，如同图表4-8所呈现的，该公司的股价并未立刻下跌，反而维持了两个多月的高价。

③即使财测向上修正，不达标准也要卖

基本上，财测向上修正属于买股的利多消息，但如果向上修正后的获利成长率仍不满20%，就该卖出股票。图表4-9的 Mars Engineering是

图表 4-9 财测向上修正，不代表获利成长

■ Mars Engineering的周K线图

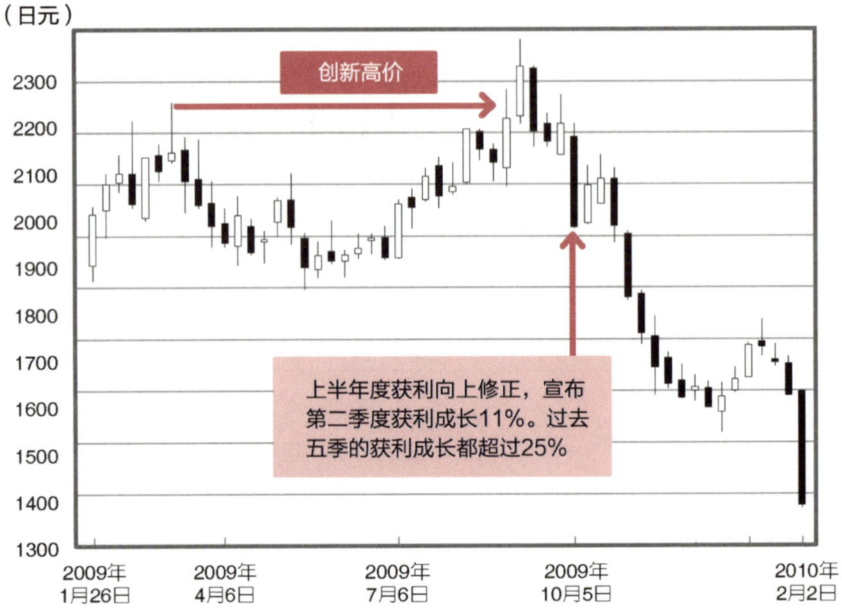

一家专精于IC卡技术的科技公司，且主攻游乐中心里的娱乐机器，以此来扩大市占率。

该公司的经常利益成长率依序为25%、41%、37%、66%及31%，连续五季创下高成长纪录。

该公司在创新高价不久后的2009年10月5日，公布第二季度（7、8、9月）财测向上修正（按：第二季度财测是在第一季度公告）。说是预测，但公告日是在9月结束不久后，等于是在预告第二季度财报的决算结果，因此预测数字其实就是决算数字。

此次获利向上修正是将上半年度6个月的经常利益预测数字，从35.8亿日元修正为42.1亿日元。由于第一季度财务报表早已公布，因此只要使用减法就能算出第二季度与去年同期相比的成长率，于是我们知道7—9月的经常利益只成长了11%。与过去的成长率相比，呈现大幅萎缩的状态。隔天该公司的股价马上下跌6%，当周共下跌了11%。由此可知，该股的股价走势已经因此转升为跌了。

④财测偏低，就是卖股信号

当一年内的全期获利预测偏低时，也要卖掉。

图表4–10是水底抽水机的大型制造商鹤见制作所的股价走势图。鹤见制作所在2006年5月19日发表同年3月期的决算报告。这一年该公司的经常利益虽然成长了45%，但2007年3月期的预测数字却是–32%。2005年3月期的经常利益是31亿日元，2006年3月期是45亿日元，但到了2007年3月期的预测数字，却又回到一年前31亿日元的水准。

公司公告的预测获利多半倾向保守，因为对上市公司而言，公开财测数字已经变成一项非达成不可的指标，所以一般都不愿意宣告过于天马行空的数字，宁可保守一点。

如果该公司宣布获利预计成长10%以上，投资者接收到的信息会变成“其实可以成长20%，这只是保守一点的估计”，所以市场不会有太大的反应。实际上该公司发表的–32%是非常保守的预测数字，因为2007年3月期的实际衰退只有–18%。

虽说财测数字已经偏向保守，但原本获利成长45%的公司，竟掉回一年前的水准变成负成长，还是很令人惊讶。这家公司的订单偏向长期

图表 4-10 获利预测恶化，使股价触顶后反转

■ 鹤见制作所的周K线图

性，公司方面已能大致掌握未来一年的营业额，因此隔天股价立刻下跌6%，到5月底总共下跌了17%。

这个例子告诉我们一件事，那就是本书推荐的投资法虽然重视最近二到三季的获利成长率，但即使这些数字符合条件，当公司发表的财测预估数字过低时，还是要淘汰。

还有，公司的财测数字会公布在简明财务报表上，实例请参考第三章第四节的图表3-12。此外也请留意预估经常利益的成长率。

公司爆发丑闻，立刻卖

有关公司的坏消息，除了获利衰退，还包括丑闻和意外事故。基本公式如下：

> 卖股公式2：
> **公司爆发丑闻时，立即卖出股票；**
> **发生意外事故时，原则上也要立刻卖出股票。**

对公司而言，最坏的消息莫过于爆发丑闻了。一旦投资的公司爆出丑闻，就必须立刻卖出股票。

公司正式承认之前，丑闻都会先在新闻媒体上传得沸沸扬扬，这时公司方面通常会主动澄清："今天部分新闻媒体报道了××相关事件，但那件事并非本公司发布的。"当你听到这样的澄清时，千万别认为"该公司并未承认，表示有可能是假消息"。那只是公司在装蒜，你要立即卖出股票。

丑闻和意外事故不同，是公司有意进行的违法行为。近年来，社会大众面对丑闻的道德标准愈来愈严苛，只要出现丑闻就会造成股价狂跌。万一你不幸持有该公司股票，如果只想着"现在卖掉会赔钱"的话，最后很可能会以惨赔收场。

爆发丑闻的公司会因事件性质的不同而有不同的下场，最严重的就是股票下市。例如在发生集体食物中毒事件（2000年）后，又爆发伪造牛肉产地事件（2002年）的雪印，发生职业股东利益输送事件及有价证券报告书记载不实的西武铁道（2002年）、财报造假五年的佳丽宝化妆品集团（2005年）、粉饰合并财报的活力门（2006年）、过去六年虚报巨额营业额的食品制造商加卜吉（2007年）等等。

股票下市并非倒闭，不会像申请破产的公司那样，在下市前股价跌到只剩1日元。然而，股票一旦下市，手中的持股就再也无法卖出，所以投资人都会趁下市前赶紧抛售持股，导致股价暴跌。当公司爆发丑闻的那一刻，没有人知道最后会不会演变成股票下市，所以赶紧抛售持股才是最安全的做法。

我们来看下面的实例。

日本火腿公司的牛肉冒充国产事件

2002年8月7日，新闻报道了日本火腿公司的牛肉冒充国产事件（见图表4-11）。该公司股价因这篇报道暴跌，最后以跌停板作收。隔天8月8日股价又跌出涨跌幅度的最大限制（按：日本股市依照股价高低设定了不同限制，不像中国台湾都是7%。以这只股票来说，股价1000～1500的涨跌幅限制是300日元），股市交易还因卖股过多而一时暂停。再隔天的8月9日以993日元开盘后，成交量急速大增。

日本火腿在丑闻爆发之前的股价是1453日元，至此已下跌了32%。但如果以当天的收盘价925日元卖出的话，损失又会进一步扩大。日本火腿股价在8月13日跌至最低价的741日元。这只股票在8月9日的成交量相当可观，是丑闻爆发前50天的成交量平均值的59倍。由此可知，有多少投资人想要抛售该公司股票。

然而，该公司股价自8月13日跌至最低价741日元后就开始从谷底反弹，并于2002年底回升到1185日元。但这是事后得知的结果，并不表示

图表 4－11 牛肉冒充国产事件，造成股价暴跌

■ 日本火腿的日K线图

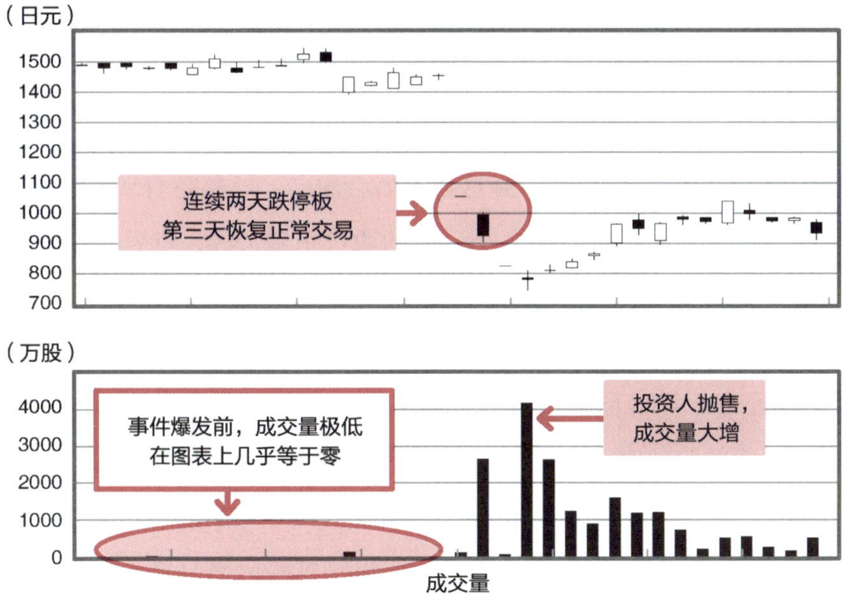

当时没有下市的风险，所以投资者还是趁早卖出股票比较安全。

子公司出包，母公司股价也会被拖下水

2010年2月9日，媒体报道了小糸工业（按：日本最大的飞机座椅制造商，全球32家航空公司约1000架客机，皆采用该公司座椅）篡改飞机座椅测试数据的新闻。因为这篇报道，小糸工业的股价一开盘就跌了20%，收盘时又跌出涨跌幅的最大限制，下跌33%，成交量高达过去50

天平均值的390倍。

该公司的股价涨跌情况基本上与日本火腿公司一样，但我想用这个例子说明的是：如同父母必须为孩子的行为负责，子公司发生丑闻，也会波及母公司。我们来看持有小糸工业50%股份的母公司——小糸制作所的股价变化。

2月9日，小糸制作所的股价以下跌10%收盘，成交量是过去50天平均值的5倍。可能有读者在看到这数字后会想："既然持有50%的股份，就应该承受50%的影响，那么子公司的股价下跌33%，母公司难道不该下跌16%～17%吗？"

丑闻对公司收益的冲击程度，将决定股价的跌幅。如果小糸工业出现1亿日元的亏损，母公司的财报确实需要分摊一半的损失，但母公司小糸制作所的收益来自各种不同领域的事业，像是丑闻爆发之前的2009年3月期，母公司的净利中，只有11%是来自小糸工业。

因此理论上照比例来算，母公司股价的跌幅应该只要子公司的一成就够了。换句话说，当子公司股价下跌33%时，母公司应该下跌3%。但实际上，母公司的股价却下跌了10%。

获利数字的影响虽然只有一成，但是对母公司形象的打击，不会只有一成。请记住丑闻发生时，必须严格追究母公司应负的责任。

还有，一个月后，子公司和母公司的股价走势便完全不同了。子公司还陷在低迷状态，但母公司已经止跌回升。这是因为股价又开始随着公司获利而上涨了，只是我们无从得知投资者会在什么时间点，开始恢复理性判断。

公司发生意外事故时，先了解状况

意外事故是指火灾、爆炸、交通事故、食物中毒等公司意料之外的事件。公司爆发丑闻就必须立刻卖掉股票，但大众对待意外事故的标准没那么严，一般来说，公司都会针对可能发生的意外购买保险，所以事故的损害赔偿可以用保险金来理赔，不会影响到公司收益。

①对公司获利影响不大的大意外

连锁餐厅事业平均每年会发生10起左右的食物中毒事件，后续处置顶多是让引起食物中毒事件的店面停止营业，鲜少影响公司的整体营收，更遑论是股价了。

石棉公害危及从业人员及当地居民健康，就会引发社会问题。久保田公司（日本最大的产业机械制造商，例如农业机械、建筑用机械等）曾针对这个问题，表示愿意负起社会责任。图表4-12是该公司发表声明前后的股价走势图，我们可以看到该公司股价并未因石棉公害问题而下跌。理由是投资人认为，和该公司的经常利益规模（2005年3月期1560亿日元）相比，该公司所要负担的理赔成本只是九牛一毛。

大规模的意外事故固然会影响到股价，跌幅却不像爆发丑闻那么严重。1985年8月12日傍晚，日航123航班不幸坠机，造成520人死亡。从事故发生隔天到9月期间，该公司股价总共下跌了三成多。虽然股价跌幅惨重，但事故终有一天会被世人淡忘。到了11月，日航股价便突破事故发生前的高价，并在隔年1月攀升至13740日元，是事故发生后的最低点4850日元的2.8倍。

图表 4－12 股价并未因石棉公害问题而下跌

■ 久保田的周K线图

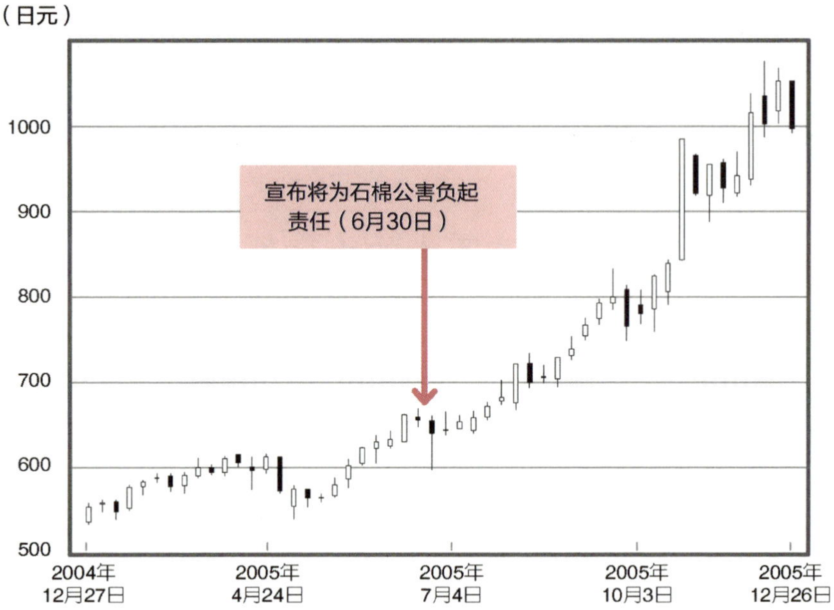

②看似意外事件，暴露管理出问题

不过，投资者对交通意外的观点，已经和25年前日航坠机时大不相同了。尽管谁也不希望意外发生，但在检讨事故责任时，却可归咎为该公司的管理出问题，重伤公司形象。

近年发生的交通大灾难，以 JR 西日本的福知山线火车出轨事故最让人记忆犹新了。这起意外发生在2005年4月25日9点过后，死亡人数多达107人。当天 JR 西日本的开盘价是41.4万日元，此时意外尚未发生。

图表4-13 股价差异极大的JR西日本和JR东日本

■ JR西日本发生火车出轨意外后的股价（红线是JR东日本的股价走势）

说明：2005年2月、12月的周K线图。股价由起始点开始，以变化率表示。

之后股价随着事故原因逐渐明朗化而下跌，最后以40万日元收盘，跌幅只有3%多一点，成交量则是过去50天平均值的5倍。

意外发生后的最低股价出现在6月的36.4万日元，与意外发生前相比，只下跌了12%。单就这点来看，可以断言这起事故对股价影响并不大，可是一和JR东日本的股价相比，立刻就会发现JR西日本的股价落后非常多。

图表4-13是比较事故发生后，JR西日本和JR东日本的股价差异。2005年底，两家公司的投资绩效相差30%，意外发生一年后，差距更是

高达50%。由此可知，发生重大事故时，愈早卖掉手中持股愈好。

股市有句名言说："不因事故而卖股。"但如今强烈要求发生事故的公司负起社会责任的公民意识抬头，这句名言已经跟不上时代了。

何时该运用基本面分析

最后，我来说明一下何时应该根据基本面分析，做出卖股决定。基本上，投资者可以根据"基本面分析"或"技术面分析"两种方式做出卖股决定，所以很多人误以为这两种方式使用的时机点是一样的。为了避免读者产生这样的误会，本章的章名才刻意不使用"基本面分析"一词，而是"三种情况出现，你该立刻卖股！"。

根据基本面分析决定卖股，表示情况很紧急，说得夸张一点，就像是搭飞机时得动用紧急逃生门。一般搭飞机时我们会走登机门，不会用到逃生门，但空服员还是每次都会提醒乘客紧急逃生门的所在位置。请各位读者记住：技术面分析就像平常用的登机门，而基本面分析就像紧急逃生门。

我把用基本面分析决定卖股比喻成紧急逃生门是有点夸张，因为还没有到逃生那么急迫的程度，我只是想利用这个比喻说明技术面分析的使用频率，会比基本面分析高而已。请务必了解两者的差异，正确使用这两种分析法。

获利重点

◎做出卖股决定时，可根据基本面分析或技术面分析。基本面分析只有在公司发布利空消息、需要紧急应对的时候使用。

◎当各季获利成长与去年同期比未达20%时，就该卖出股票。即使财测向上修正，只要成长率未达20%，就要卖掉。

◎公司爆发丑闻时，立即卖出股票。意外事故虽然不比丑闻严重，但原则上最好卖出股票。

4 买股重基本面，卖股要看技术面

如何及早看出股价已经来到高点？当股价来到高点附近时，多数投资者都会变得超级看好该股的未来前景：公司获利稳健成长、经营者本身也对公司未来充满信心。投资人要成功获利，就得在这样的行情中，看出股价变化的端倪，并且卖出股票，此时技术面分析便可发挥功效。

全看基本面，会错过卖股时机

登山时，我们可以根据“没有比这里更高的地方了，而且四面八方都可一览无遗”来判断是否到达山顶，但股价的高点并没有“这就是最高价”的信号，我们只能根据各种征兆，判断“这应该就是高点”，然后卖出股票。

卖股信号可以从基本面分析和技术面分析中获得，大部分投资者都采用后一种方式，但很多人不知道的是：技术面分析的卖股信号，会比基本面分析还要早出现，如图表4–14所示。

你可能会想：“你不是说股价涨跌是反映公司基本面（获利）的好坏吗？那投资者为什么应该比较重视技术面分析呢？”前面明明说公司获利好，股价就上涨；公司获利差，股价就下跌。可是当股价涨到高点

图表 4－14 **技术面分析比基本面分析更能及早察觉高点**

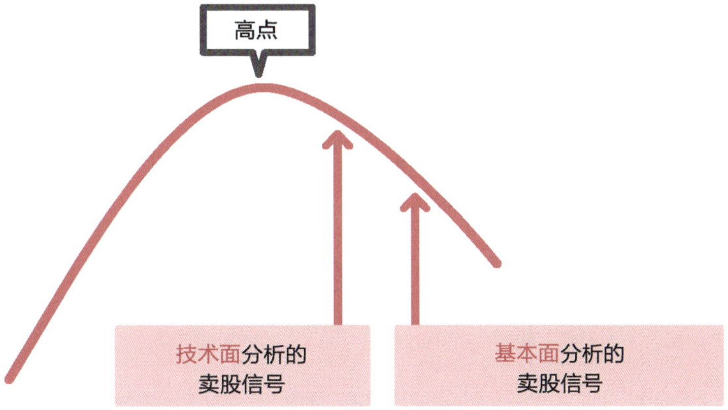

区后，反而变成技术面比较重要，这到底是怎么回事？

我以青山商事（按：日本男士西装企业）为例来做说明。青山商事的股价从2000年12月的底价775日元开始涨起，于2006年1月来到4610日元高点。图表4-15是2005年以后的月K线图，当中标示出来的数字是各季的经常利益与去年同期相比的成长率。你可以看到，青山商事到2006年2月7日公告的2005年第三季度财报（39%）之前，每一季度都有20%以上的成长率；但到了第四季度经常利益就开始衰退，只剩下19%，2006年第一季度甚至出现-40%的衰退。

我的获利高点是指获利开始衰退前最高的成长率，以青山商事来说，它的获利高点就是2005年第三季度财报公布的39%成长率。第三季度财报公告的时间是2006年2月，而股价早在一个月前就达到高点了。通常来说，股价会在获利高点的前后一到二个月内涨到高点，如果是这样，就算是获利和股价的高点“同时”出现了。

问题是，投资者无法在得知获利高点时卖出，因为获利高点在第三

图表 4-15 **股价与获利“同时”触顶的案例**

■ 青山商事的周K线图

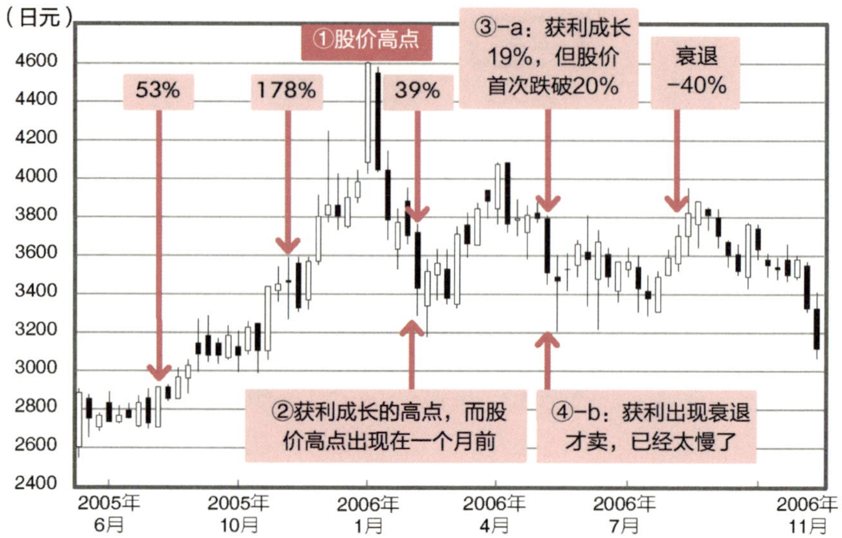

说明：含%的数值指各季经常利益与去年同期相比的变化率。

季度出现时，我们根本不晓得那就是高点。因为依照基本面分析来卖股的话，投资者必须在获利成长出现衰退数字后才能卖出，也就是得知第四季度的获利成长率低于第三季度的数字时，然而第四季度财报公告的时间（2006年5月），距离股价创新高都已经过了四个月了。

想必看了这个例子，你也会觉得：“股价涨跌确实会反映公司的基本面，但等到衰退四个月后才卖掉，也未免太慢了。”

股价会比获利更早到达高点

前面所举的青山商事，已经算是获利和股价几乎“同时”达到高点的例子（股价高点只比获利高点早一个月出现），有些公司的股价高点

图表4-16 即便财测不断上修，股价仍随大盘波动

■ 任天堂的周K线图

说明：以起点为0的变化率；含%的数值指各季经常利益与去年同期相比的变化率。

出现得更早，甚至比获利高点提早一年出现。

股价高点比获利高点更早出现，最常出现在大盘指数的下跌期间。大盘与个股联动是很正常的情况，但两者涨至高点的时间点偶尔出现落差，也不是什么稀奇的事。平均说来，约有八成的个股会跟着大盘走势“一起波动”；换句话说，比起个股的获利基本面（一年公告四次的财报），股价更容易受到大盘的每日走势影响。

以任天堂为例，图表4-16显示任天堂在大盘涨到高点的四个月后，股价终于在2007年11月1日攀上高点了。由图表可知，任天堂的股价几乎是紧贴着日经平均指数（图表中的红线）在波动。

任天堂在2007年10月25日公布财报，第二季度获利成长了36%，同时向上修正了下半年度的财测数字。股价在公布财报后来到高点。到了

第三季度时获利又成长了71%，财测也一并向上修正。

投资者最早得知获利衰退的消息，是2008年4月24日公布第四季度获利（2007会计年度）的时候，确定成长率为–85%。但此时股价是57800日元，从高点（73200日元）到现在已经历时5个月，跌幅超过20%。

任天堂的股价之所以会无视基本面的获利稳健成长，在五个月内径自由升转跌，主因就是大盘指数下跌。如果日经平均指数能够继续上涨，任天堂的股价想必也会继续上涨，直到发表获利衰退的五个月后。

投资者必须了解股价高点和获利高点，会在怎样的情况下出现时间落差。不过重点在于：等到能根据基本面分析（每季财报出炉）才来判断高点，实在是太晚了。

当然，还是会有股票是基本面分析出现卖股信号后、技术面分析的卖股信号才跟着出现。那种情况就像第四章第三节所说的，投资者根据基本面分析发现“公司的获利表现比想象中糟糕”，于是赶紧卖掉股票。

> 卖股公式3：
>
> **基本上，卖股要根据技术面分析，除此之外（因公司基本面恶化，或为了停损）都算是紧急卖出持股。**

如何选择技术面分析工具？

可能有人会问：“我已经知道如何根据基本面分析看出卖股信号了；那么，技术面分析，有什么比较好的指标可以用来判断呢？”下一节，我将介绍我自己发明的“卖压比例”指标，它的特色是比过去的指标更容易找到股价高点，但因为这是全新的概念，需要一段时间好好熟悉，如果你有其他惯用的指标，不妨照旧使用。

投资股票最重要的，就是当市场处于上升行情时，购买可成为时代潮流砥柱的标的。只要这点对了，稍微错失卖股时机也不会有太大的影响。至于卖股方法可以最后再学，因为以同样的心力学习所有的投资技术，很可能会不小心遗漏了重点。如果你早有投资经验，你原本使用的卖股原则想必也很有用。

我们来比较最有名的 RSI（相对强弱指标，用价格的升降来比较某只个股相对于整个市场的强度）和我的“卖压比例”的差异。我之所以拿 RSI 来对照，是因为日本 MSN 网页有提供这个指数，任何人都可轻易获得。

根据我的卖压比例所得到的卖股信号（即将在下一节登场的图表4–23），和根据 RSI 得到的卖股信号，小松制作所的卖点都同时出现在8月10日（当RSI 降至30以下，代表该证券被“超卖”，所以当你要用RSI指标代替卖压比例时，应该在数值降到30时卖掉股票）。

如果只看小松制作所的例子，会发现 RSI 和我的卖压比例的卖股信号同时出现，但如果以过去较长时期的数据进行验证，就会知道我的“卖压比例”效果更好。图表4–17的东京电力，是两种卖股信号出现在不同时间点的例子。

我的卖压比例的卖股信号出现后，过了43个营业日，RSI 的卖股信号才姗姗来迟，并未发挥应有功能。当投资时间一长，这种小差异愈来愈多，最后就会影响到整体投资绩效。

图表 4－17 RSI（相对强弱指标）的卖股信号太晚出现

■ 东京电力的日K线图

RSI走势图

获利重点

◎当股价位于高点时，要依技术面分析来决定是否卖出股票，等到基本面变差才行动，就来不及了。

◎你可以使用过去惯用的技术分析工具，也能使用下一节我发明的“卖压比例”来判断卖股时机。

5 我发明的卖压比例

基本面分析的卖股信号缓不济急，你应该根据技术面分析卖股票。本节将为进阶者介绍“卖压比例”。

这是我发明的概念，你在其他技术分析的书里是绝对找不到的。卖压比例（Selling Pressure Ratio，SPR）的概念如下：

在某段期间内，

$$卖压比例=\frac{卖出股数的总和}{买进股数的总和}$$

接下来，我将进一步解释这个概念。

当一只股票在市场上的卖出股数多于买进股数时，股价就会下跌。就算市场上有1000人各买了1张股票，只要有1人一次卖出1万张股票，股价就会下跌，这是永恒不变的定理。卖压比例正是基于这项定理产生的。

图表4-18是某只股票的价格从高点微幅下跌的假想图。这时依成交量的多寡，会产生不同的解释。如果微幅下跌时成交量高，代表卖压大，代表行情转向下跌局面；但如果成交量低就不必担心。成交量是判断市场行情的重要指标。

我要针对“尽管股价下跌，但只要成交量低就不必担心”这句话进

图表 4-18 **卖压比例的概念**

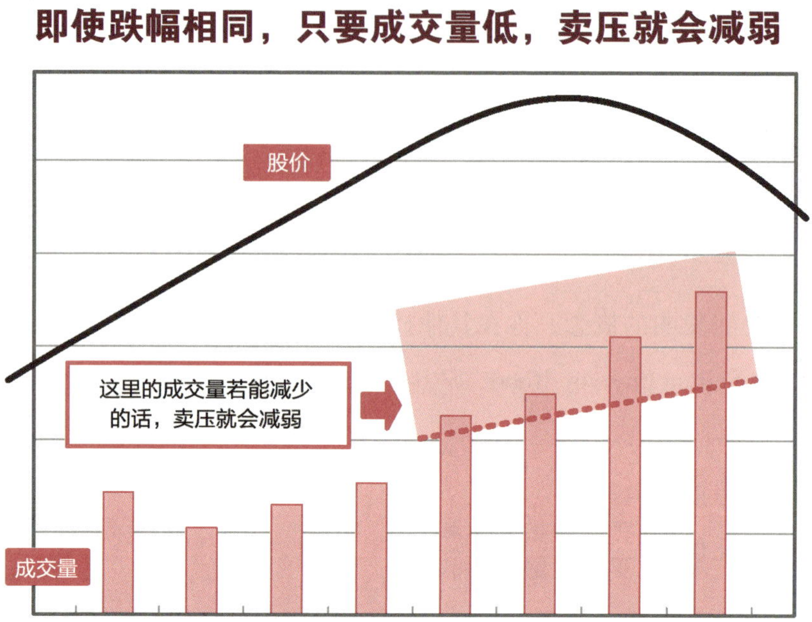

一步解释，因为现实世界可没这么单纯。图表4–18的股价呈现圆弧状，表示上涨后下跌，这可不是现实世界会出现的情况。

如果你仔细观察一只股票的下跌行情，会发现行情并非每天都在下跌。观察股价的每日波动，会发现跟昨日相比，下跌天数和上涨天数在55比45左右。

而且下跌日当天的股价，也不会整天都在下跌，偶尔也会出现反弹。光凭收盘价就断定当天的成交量都是卖出或买进，那就太天真了。

当股价涨到高点后，如果要判断该股是否转向下跌行情，可以比较“股价下跌时的成交量”和“股价上涨时的成交量”，当前者明显超过后者时，即可断定行情已经转升为跌。问题是：如何得知股价下跌时的成交量和股价上涨时的成交量呢？

即使成交量相同，股价的上涨率和下跌率分别在0.1%和5%的时候，判读起来意义都不相同，何况股价每天都在涨涨跌跌，想得知卖压和买盘，就必须观察股价一整天的波动情况，但我们不可能掌握股价每分每秒的波动，因此只能以下面这种简单的方式，来估计买卖的股票数。

①找出股票当日的四种价格

我们可以利用投资者最熟悉的K线，来侦测买盘和卖压。具体分析方法如下：

阳线日

1. 股价在开盘后，朝当日最低价下跌，表示出现卖压。
2. 股价跌至最低价后，朝当日最高价上涨，表示出现买盘。
3. 股价涨至最高价后，向当日收盘价波动，表示出现卖压。

阴线日

1. 股价在开盘后，朝当日最高价上涨，表示出现买盘。
2. 股价涨至最高价后，朝当日最低价下跌，表示出现卖压。
3. 股价跌至最低价后，向当日收盘价波动，表示出现买盘。

*说明：当开盘价高于前一天的收盘价时（从昨日的收盘价到今天的开盘价），代表出现买盘。相反地，当开盘价低于前一天的收盘价时，代表出现卖压。

了解K线的人马上就能理解这段解释，因为看惯K线的人在看到K线的瞬间就会这样解读。需要特别注意的是上述“说明”的部分。K线的

图表4-19 **从K线来推测股价的波动**

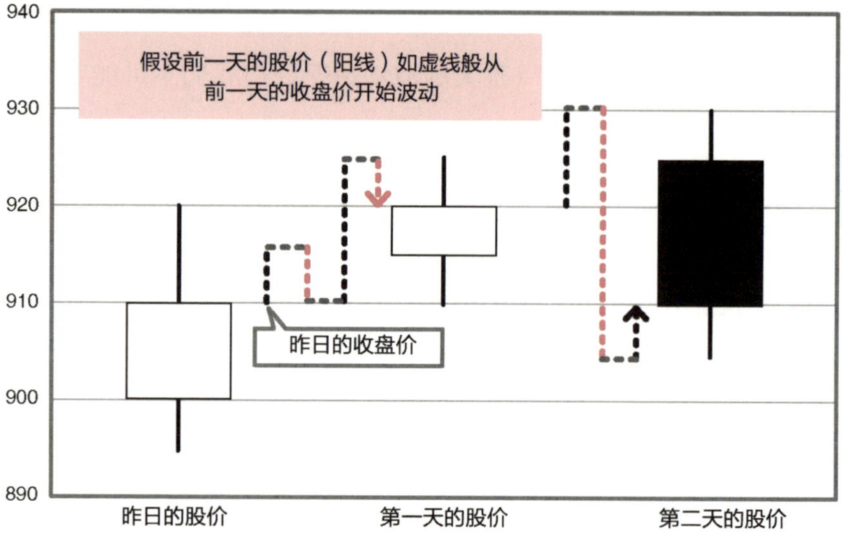

说明：红色虚线代表下跌、黑色虚线代表上涨，灰色虚线则表示股价无变化。

股价始自当天的开盘价，但这里却把前一天的收盘价到当天开盘价的波动都视为当天的股价波动。

阴线日的分析方式，也完全相同。

当天是阳线日还是阴线日，要看当天股价是先朝最低价还是最高价来波动。阳线日是先跌至最低价，阴线日则是先涨至最高价（阴线日是指当日的收盘价大于开盘价，与前一天的收盘价高低无关）。

图表4–19的范例，里面有三根K线，最左边那根K线不必理会，只要看中间第一天和右边第二天的股价波动即可。第一天是阳线，第二天是阴线。第一、第二天的股价波动则由虚线来表示。黑色虚线代表股价上涨，红色虚线代表股价下跌，灰色虚线则代表股价无变化。

②算出“买进的股数”与“卖出的股数”

股价是因买盘和卖压的彼此消长而波动，根据前文所解释的K线，则当股价上涨时会出现买盘，股价下跌时则出现卖压。具体来说，股价变化如下：

阳线日：昨日收盘价→（或⇒）开盘价→最低价⇒最高价→收盘价

阴线日：昨日收盘价→（或⇒）开盘价⇒最高价→最低价⇒收盘价

（说明：→代表卖压⇒代表买盘。）

我们来看图表4-20，第一天的股价是阳线，波动如下：

910（昨日收盘价）⇒915（开盘价）→910（最低价）⇒
925（最高价）→920（收盘价）

买盘出现在昨日收盘价到开盘价之间，以及最低价到最高价之间；也就是910日元到915日元，和910日元到925日元这两处。这期间的股价涨跌幅度分别是5日元和15日元，两者相加等于20日元。这就是买盘的涨幅。

相形之下，卖压出现在开盘价到最低价之间，以及最高价到收盘价之间；也就是915日元到910日元，和925日元到920日元这两处。两段时间的跌幅都是5日元，合计等于10日元。

综合来说，买盘的涨幅是20日元，而卖压的跌幅是10日元，两者合计的涨跌幅度，就是30日元。

图表4－20 **阳线日（第一天）的卖压和买盘**

股价依照下面顺序波动→

昨日收盘价	开盘价	最低价	最高价	收盘价
910	915	910	925	920

买盘	昨日收盘价→开盘价	最低价→最高价	合计
上涨的股价	910→915	910→925	
涨跌幅度	5日元	15日元	20日元
卖压	开盘价→最低价	最高价→收盘价	合计
下跌的股价	915→910	925→920	
涨跌幅度	5日元	5日元	10日元

当日的涨跌幅度：20（买）+10（卖）＝30日元

假设当日的成交量是12万股，则

买进股数：12万股 x20/30 ＝8万股

卖出股数：12万股 x10/30 ＝4万股

假设当天的成交量是12万股，买进股数和卖出股数的计算方式如下。此计算方式是假设成交量可依当日的股价涨跌幅度来按比例分配：

$$买进股数=\frac{20}{30}\times 12万股=8万股$$

$$卖出股数=\frac{10}{30}\times 12万股=4万股$$

图表 4-21

阴线日（第二天）的卖压和买盘

股价依照下面顺序波动 →

昨日收盘价	开盘价	最高价	最低价	收盘价
920	925	930	905	910

买盘	昨日收盘价→开盘价	开盘价→最高价	最低价→收盘价	合计
上涨的股价	920→925	925→930	905→910	
涨跌幅度	5日元	5日元	5日元	15日元
卖压	最高价→最低价			合计
下跌的股价	930→905			
涨跌幅度	25日元			25日元

当日的涨跌幅度：15（买）+25（卖）=40日元

假设当日的成交量是8万股，则

买进股数：8万股 x15/40 =3万股

卖出股数：8万股 x25/40 =5万股

接着我们来看图表4-21。第二天的股价是阴线，波动如下：

920（昨日收盘价）⇒ 925（开盘价）⇒ 930（最高价）→

905（最低价）⇒ 910（收盘价）

买盘出现在昨日收盘价到开盘价之间、开盘价到最高价之间，以及最低价到收盘价之间；也就是920日元到925日元、925日元到930日元，和905日元到910日元这三处。这三段期间的股价涨幅都是5日元，相加等于15日元。这就是买盘的涨幅。

而卖压出现在最高价到最低价之间。也就是930日元到905日元之间，跌幅是25日元。

综合来说，买盘的涨幅是15日元，而卖压的跌幅是25日元，两者合计的涨跌幅度就等于40日元。

假设当天的成交量是8万股，买进股数和卖出股数的计算方式如下：

$$\text{买进股数}=\frac{15}{40}\times 8\text{万股}=3\text{万股}$$

$$\text{卖出股数}=\frac{25}{40}\times 8\text{万股}=5\text{万股}$$

③套用卖压比例的公式

我用图表4–22来说明。卖压比例的计算方式很简单，公式会用到的数字就是前面计算出来的每日买进股数和卖出股数。以第一天为例，在成交量12万股中，8万股是买进股数，4万股是卖出股数。第二天的买进股数是3万股，卖出股数则是5万股。

将这些天合计，便能获得总和的买进股数和卖出股数。以这两天为例，买进股数的总和是11万股，卖出股数的总和是9万股。然后再用本节开头介绍过的公式计算卖压比例；也就是用卖出股数的总和除以买进股数的总和。

以这两天为例，就是用9万股除以11万股，得到0.818。由此可知，卖压只有买盘的82%。

卖压比例的计算方式是先合计从当天起一个月（约20个营业日）的

图表4-22 计算这两天的卖压比例

项目	买进股数	卖出股数
第一天	8万股	4万股
第二天	3万股	5万股
合计	11万股	9万股

卖压比例：

某期间内的卖出股数的总和 ÷ 买进股数的总和

例如：两天合计的卖压比例 ＝ 卖出股数 ÷ 买进股数

＝ 9万股 ÷ 11万股 ＝0.818（82%）

合计20天的计算结果，若得到116%~118%的话，就视为卖股信号。

买进股数和卖出股数，再用卖出股数的总和除以买进股数的总和，当算出来的比例在115%～120%之间，代表盘势已转向卖股。一般来说，将卖压比例设定在116%～118%之间较为妥当。

从卖压比例推算中长期高点

我们来看图表4-23的小松制作所，在2007年股价攀至高点时的状况。首先，该股的高价出现在2007年7月20日的3990日元，之后股价转升为跌，并于8月10日（收盘价为3350日元）出现卖股信号。

卖压比例从前一天的112%到8月10日变成123%（图表上并未标记

每一天的卖压比例）。这时无论卖股基准设定在116%或118%的结果都一样。

卖股信号出现在股价创高点的一个月内，算是适当的时机点。如果等到该股的基本面走下坡才卖，就得等到2008年7月29日发表2008年度第一季度财报（经常利益与去年同期比的成长率是16%）的时候了，此

图表 4-23 **用卖压比例推算出中长期高点**

■ 小松制作所的K线图

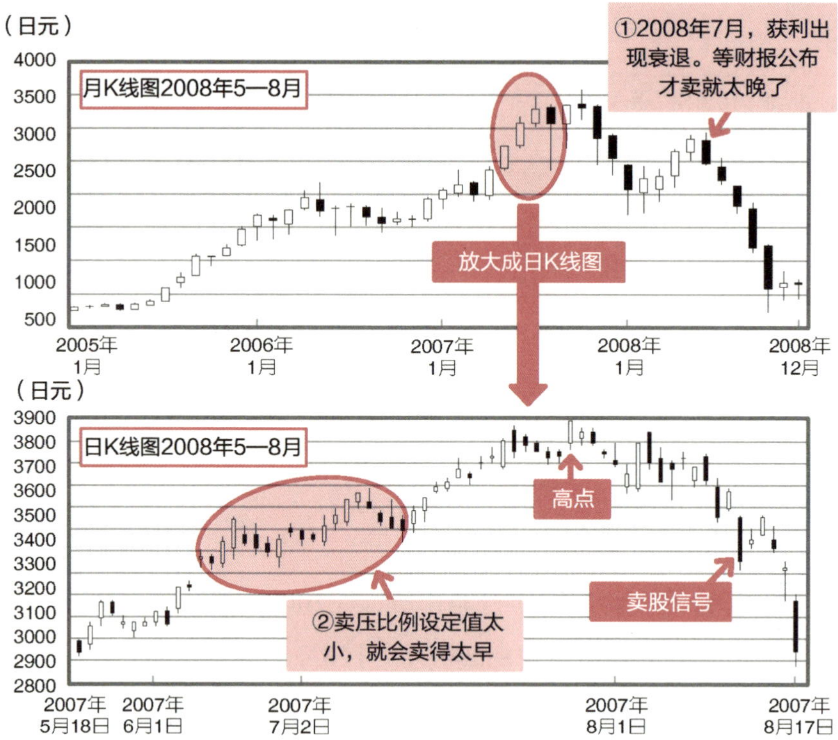

说明：RSI也在同一天出现卖股信号。

时距离股价创新高大约是一年后、股价也已经跌到2815日元（隔日开盘价）了。

可能有人会觉得：“靠技术分析还是太慢了，有没有更快的方法可以找到股价高点呢？”希望能更早以更高的价位卖出股票是人之常情，但要做到并不容易。

卖压比例设定得过小时，一旦遇到像图表4-23中用红色圈起来的（2007年6月）这种走势，很可能就会出现卖股信号了。通常在上升行情里，会多次出现这种程度的上下波动，当股价出现几回合的这类涨势，你有可能会被假的卖股信号给骗了。卖压比例的设计目的，是寻找中长期走势的股价高点。

卖股信号出现，未必要立刻卖

卖压比例是找出股价中长期高点的技术分析工具，但不代表在卖股信号出现后，就该立刻卖出股票，可视情况再做决定。

例如图表4-24的日本烟草产业公司（JT，日本最大的烟草制造商），在2007年11月1日以68.3万日元收盘，当日的最高价变成第一个股价高点。之后走势转向下跌行情，并在11月22日及26日出现卖点。时间点出现在股价高点的一个月内，股价下跌了一成（见图表4-25卖点）。

11月22日及下一个营业日26日都出现卖股信号，是因为22日的卖压比例是117%，而26日是120%。如果你设定的数值是116%就卖股，卖股信号就出现在22日，如果设定为118%卖股，卖股信号就出现在26日（见图表4-25），设定值不同卖股日就会出现差异。22日的收盘价是63.3万日元，而26日的收盘价则是62.8万日元。

但是后来该股再度上涨，突破原本的高点后，在12月25日攀至真正的高点，以68.3万日元收盘。如果你看图表4-24上方的月K线图，则11月下旬的卖股信号确实是出现在股价高点附近，但如果你是看下方的日K线图的话，卖股信号却出现在底价附近。

如同前文所举的小松制作所的例子，信号若过于灵敏，很可能在股价才下跌一点点就出现，变得无法依凭。但以卖股信号来说，我所设定

图表 4-24 卖股信号出现，未必要立刻卖

■ 日本烟草产业公司的K线图

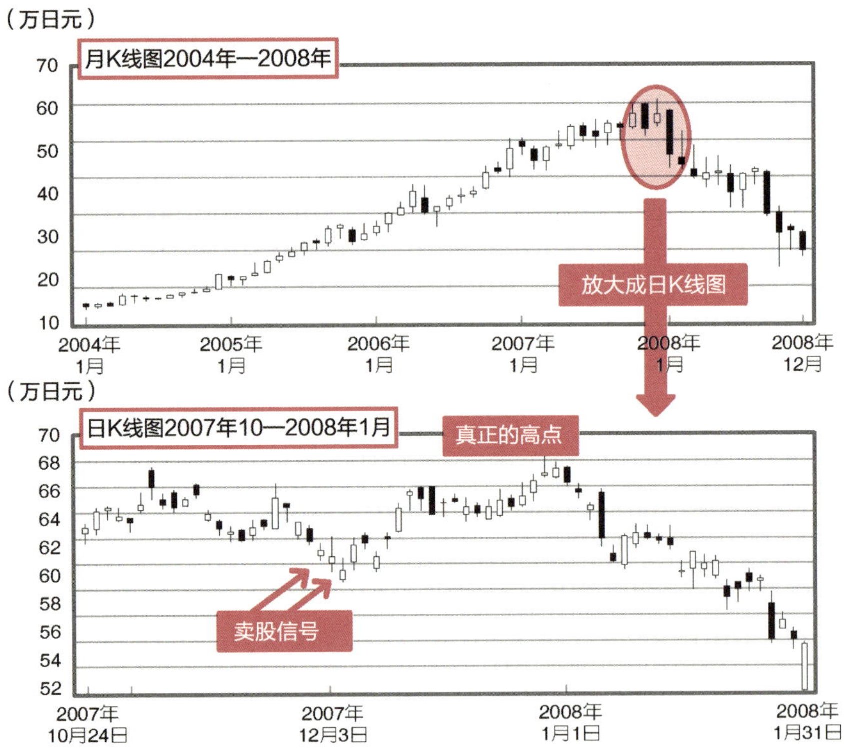

说明：卖压比例出现卖股信号的隔天，RSI也出现卖股信号。

的“迟钝”程度正好用来检测行情的涨跌变化。

话虽如此，当股价在卖股信号出现后再度反弹时，投资者不免懊悔太早卖出股票。所以当股价攀到高点后，只要没出现影响市场的坏消息，就没有理由立即卖出股票。换句话说，卖股信号出现后，有时未必要立刻卖出股票，等到股价反弹后再卖掉也可以。

当股价跌至停损点或出现利空消息时，确实必须立刻卖出持股。不过，根据技术面分析得到的卖股信号就没那么急迫，因为大多数投资者并未对市场失去信心，也就不必遵从卖股信号立即卖出股票。投资者可视情况决定卖股与否，只是千万别忘了基本原则——一旦出现卖股信

图表 4－25 卖压比例的每日变化

■ 日本烟草产业公司的卖压比例与K线图

号，就要立即卖出股票。

我们从图表4–25可以看到卖压比例的每日变化。此表设定的卖股信号（黑线）是117%，卖压比例（红线）的波动与股价（K线）相似，但幅度更大。两者的波动未必一致。

卖压比例的准确度比RSI高

本节开头我介绍了卖压比例的基本概念，现在我要说明卖股信号的本质。由于计算卖股信号需要用到成交量，你可能因此以为卖压比例的重点就是成交量。然而成交量固然重要，对投资来说最重要的还是股价，因此卖压比例的计算，还是以股价为中心。

所以，本节开头的公式，可以改写如下：

卖压比例的概念：

在某段期间内，

$$卖压比例=\frac{股价跌幅}{股价涨幅}$$

只是我的公式里，涨跌幅计算会用到当日的开盘价、最高价、最低价及收盘价，算出每日成交量的买盘与卖压比例。

假设每日成交量完全相同所计算出来的卖压比例变化，与使用真正成交量计算出来的结果会大致相同，则一般来说，使用真正成交量计算出来的卖压比例，上下变化较明显，也会比较灵敏地反映出股价的变化，但卖股信号出现的时间点仍然可能会产生一到数日的差异。

我设计卖压比例的初衷，是希望尽可能忠实地反映股价的单日波动。我认为设计概念愈有根据，所做的分析才能得到更好的结果。相形之下，过去技术面分析方法所使用的方法多半只看收盘价，你可以拿卖压比例和前一节介绍的RSI比一比，以下是RSI指标的公式：

$$RSI = \frac{股价涨幅}{股价涨幅 + 股价跌幅}$$

涨跌幅的计算只用到收盘价，并未用到成交量。

RSI的公式的分子是股价涨幅，而计算卖压比例的分子则是股价跌幅，但两道公式所得到的效果是相同的。然而，这两种分析工具有一个很大的不同点，那就是卖压比例使用了成交量。

卖压比例因为用到了一天的四种价格及成交量，所以计算上比RSI更复杂，不过你只要把公式输入Excel软件，再来就只要输入股价，就能得到所需数字了。

这里要注意的是：千万别想说“既然已经知道公式，就从今天开始计算吧”。请先找出高点附近的股价走势图和股价表、分析股票的特性后，再来套用公式。

获利重点

◎卖压比例的设计目的，是寻找股价中长期走势的高点。

◎卖压比例考量成交量和单日股价变动，准确度高于过去的分析方法。

6 投资最重要的事：停损

如果你问我："最重要的投资规则是什么？"我会回答："停损。"没有一条规则比这条更重要：股价一旦低于买价8%，就必须立刻卖掉。

我认为最重要的投资规则是停损，因为"赔钱的概率比赚钱高"，因此，发生损失时要如何处理就非常重要了。

一般投资者面对股价下跌时，都会认为："用1000日元买的股票跌了20%，变成800日元。我也不奢望赚钱了，只要股价能上涨20%、回到原价就够了。"这个想法正确吗？

1000日元下跌20%之后，若想涨回原价，光是上涨20%是不够的。因为1000日元已经变成800日元，上涨20%也只有960日元（800×1.20＝960），必须上涨25%，才能回到原本的1000日元（800×1.25＝1000）。依照图表4–26的计算结果，股价下跌30%时，就必须从底价回涨43%；若下跌40%，就必须回涨67%。回程的路永远比去程更艰辛。

有无停损，决定了你的绩效

第204页图表4–27是用本书方式投资2008年股票的模拟结果。此模拟结果早在第一章第三节就介绍过了，这里只撷取2008年的部分，来看日经平均指数跌至一半的时候，投资报酬率如何变化。图表4–27上图是

图表 4－26 **跌幅与回到原价所需的涨幅**

跌幅	回到原价所需的涨幅
10%	11%
20%	25%
30%	43%
40%	67%
50%	100%
60%	150%
70%	233%

例如：股价下跌30%，就必须从底价上涨43%，才能回到原本价格。

2008年的投资绩效，下图则是日经平均指数的涨跌，以及随指数涨跌的持股比率（股票的比率）的变化，40%是指股票40%、现金60%。

我们从日经平均指数创下最高点的2007年7月9日（18261日元）开始模拟投资绩效，并以当时的资产总额为基准点1（代表资产的100%）。在图表4–27的起始点（2008年1月新年的第一个交易日），日经平均指数从最高点下跌20%，变成14691点。此时的资产是0.92，只损失了8%。

接着来看日经平均指数跌至一半的情况，又是如何。2008年6月底的持股比率是100%（现金为0%）。此时的日经平均指数是13481点，之后随着日经平均指数下跌，持股比率也跟着下降，直到日经平均指数跌至谷底的2008年10月27日（7162点），持股比率降至0%（现金100%）。

图表4-27 有无停损，决定了投资绩效

■ 模拟投资绩效（2008年）

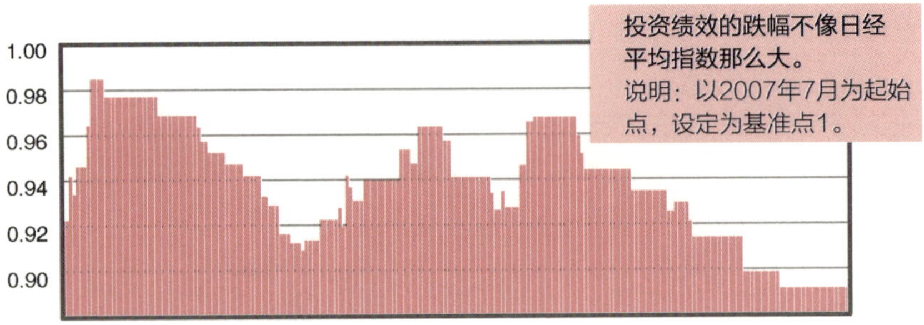

■ 持股比率与日经平均指数

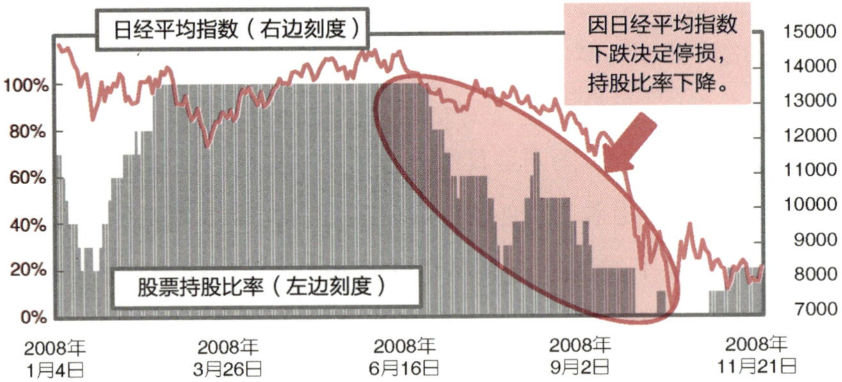

此模拟投资设定的条件是股价下跌8%就停损，由于日经平均指数跌了一半，这期间出现了许多的停损交易。由于新的创新高价股不会在下跌行情期间出现，所以股票的持有比率也不断下降。

请看图表4-27的上图，2008年6月底的投资组合价值为0.93，到了2008年10月的投资组合价值则为0.89；换句话说，当大盘跌掉一半的市值时，资产只减少了0.04。

资产的减损幅度能这么少，就是因为设下停损点，资产顶多也只会亏损8%，还剩下92%。要是还不停损，将会随着日经平均指数跌破一半，大半资产也将化为乌有。

柔道级数要变高，在学习攻击之前，必须先学习如何防守，因为保护好自己是最重要的；股票投资也是一样，在获利之前，一定要先守护好自己的资金。

赔钱事小，否定自己，很难

停损规则和买股或卖股等其他规则完全不同。其他规则都是根据基本面或技术面消息，在预测股价可能上涨（下跌）时购买（卖出）股票，跟投资人个人的状况无关。

相较之下，停损根据的是个人的经济状况。停损“必须在个人的损失尚未扩大之前进行”，因此规则非常简单——只要达到一定损失就出清持股，不必理会公司获利或市场情况。

可是，要做出停损的决定却很难。因为停损是在否定自己的投资决定，也等于是在否定自己。承认个人错误并不容易，所以决定停损是一种需要勇气的行为。

损失愈大、愈不愿意停损的人非常多，这些人多半冀望股价能涨回原本价格，问题是并没有任何合理的理由能支撑股价回涨到原价。这种不合理的拒绝停损行为就叫做套牢。

图表4-28的痛苦曲线可用来说明投资者的套牢行为。一般来说，损失刚开始出现时，投资者会感受到极大的痛苦，但是当金额大到某种程度后，感受到的痛苦却不见增加，因此当股价进一步下跌、损失再度扩

图表 4-28 **损失和痛苦曲线**

■ 模拟投资绩效（2008年）

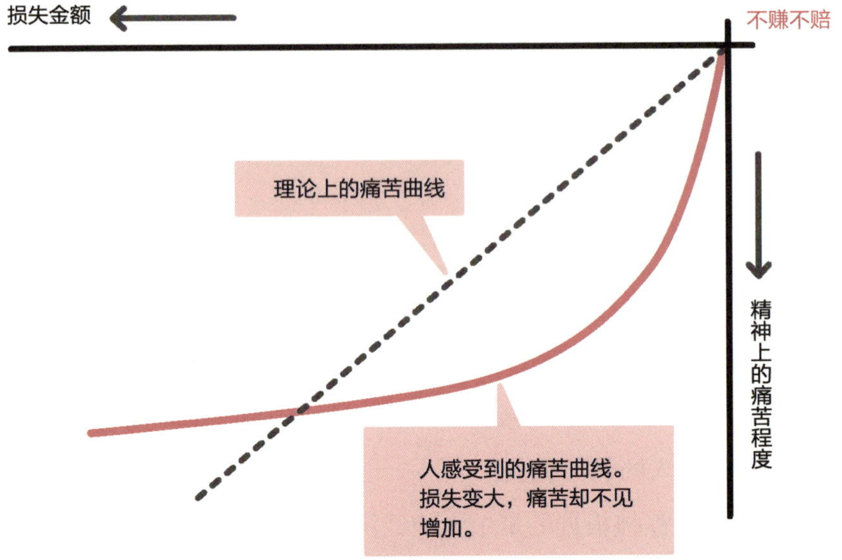

大后，投资者反而会觉得放着不管也无所谓。

如果人所感受到的痛苦是等比增加，那么10%损失的痛苦程度，就应该是5%损失的两倍，如果是这样，应该就会希望在损失进一步扩大之前做出了结吧，可惜实际情况并非如此。

杰出投资者心中最重要的事

有本投资名著，书名是《金融怪杰》（*Stock Market Wizards*），内容是作者杰克·史瓦格访问美国的顶尖交易员，记录他们的成功关键。

《金融怪杰》一书中让我印象最深的一句话就是：“投资要成功，

最重要的是停损。”它出现在访谈大卫·莱恩（David Ryan）的篇章里。大卫·莱恩在1985年荣获全美投资锦标赛股票类别的冠军，隔年获得亚军，再隔年又获得冠军。三年下来的总报酬率是1379%。但他在访谈中，提到自己的胜率只有五成左右。胜率五成代表有一半的交易赔钱，可见只要投资成功部分的获利金额够大，五成的胜率也足以荣登全美投资冠军。

投资者如果依照我在本书中推荐的方式投资股票，长期性的胜率约有60%。也就是10次投资只会有4次出现损失。投资失败时若做不到停损，就等于没学会本书的投资方法。

日本有句投资名言叫做“停损千两”（抱着亏损觉悟停损，反而可以避免极大损失，最终得以获利），可见停损有多重要。或许有人认为：“这么做明明就会亏本，又怎么能获利呢？”这时把投资股票比喻成企业经营，就不难理解了。

就像流行服饰公司的设计，会有与潮流契合与脱节两种情况。契合流行就是会获利的交易，与流行脱节就是会赔本的交易。

每一家流行服饰公司都希望所有商品能走在流行尖端，成为热卖商品，但事与愿违，每家公司都会生产出一定比例的赔钱商品，在什么时候处理滞销库存品，关系到公司未来的命运。既然知道商品卖不出去，就应该尽早变卖，当成开发下一个热销商品的研发资金才对，死抱着库存品直到最后才贱价出清，很可能只能回收布料钱而已。

股票的停损概念也是这样，最重要的就是尽早认赔、寻找下一个赚钱机会，把资金投入下一笔投资上。懂得停损的人就知道“下次再赚回来就好”。因为有自信下一次能获利，自然能够放轻松心情。

没有人能精准预测股价的波动

股票常会不如预期上涨、反而下跌，华尔街曾表示股价的波动是随机的（涨跌毫无道理），理由是过去的股价波动或走势，并不能用来预测未来的股价。有一本书甚至用数学证明了这一点。实际的行情变化有太多我们不知道的事，我举两个例子来说明。

①日本航空即便破产，股价并未马上跌到1日元

最简单的例子就是申请破产的公司。破产后的公司价值为零，从投资者的常识来看，股价就算马上跌到1日元也不奇怪（本来应该是0元，但经济活动不可能没有价值，所以才变成1日元）。

我们来看一个申请破产的例子——日本航空。该公司依法重整的报道出现在2010年1月9日—11日的三天连假期间，报道之前的股价是67日元。股价未满100日元时，单日涨跌幅限制是30日元，因此理论上收假后的1月12日股价应该是37日元、隔天是7日元，再隔天是1日元。然而实际上，收盘价真正跌至1日元却是在1月29日（第14个营业日之后）。图表4-29显示出日本航空股价跌至1日元之前的不合理波动。

我完全无法理解为什么会有人用1日元以上的价格，购买日本航空的股票。高于1日元的股价根本不合理。但这绝非单一特例，很多倒闭公司的股价，都是经过一番波折才跌至1日元。

②连克流感也救不了中外制药的股价

或许有人认为："就是因为破产公司的股价太便宜了，用5日元买进的股票只要涨到6日元就能获利20%，所以才会有很多投资者抢在股价跌至1日元之前想要投机。"如果你认为破产公司是特例，那我们来看个一般例子。

图表 4-29 申请破产后，股价没有很快跌至1日元

■ 日本航空交易结束前的股价走势

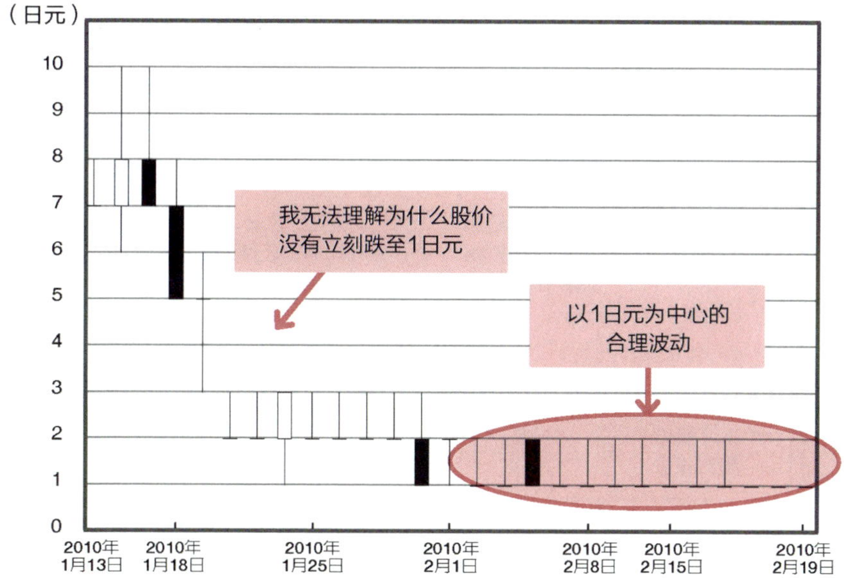

最令人百思不得其解的，就是中外制药的股价走势了（见图表4-30）。2009年春，日本新型流感肆虐，治疗用药非克流感莫属，而负责贩卖克流感的公司，就是中外制药。该公司在2008年12月期公告的全年度获利是-15%，而后因为贩卖克流感，获利开始急剧成长，2009年第一季度（2009年1—3月）的经常利益与去年同期比成长了123%，第二季度是47%，第三季度是23%。

该股在2009年4月27日（星期一）创新高价，原本这应该是“进场”的最佳时机，因为该公司正好在前一个营业日（星期五）公告第一季度获利，且政府宣布周末将对飞抵成田机场的所有班次实施乘客检疫

图表4-30 有获利也有话题，股价依旧躺平的案例

■ 中外制药的日K线图

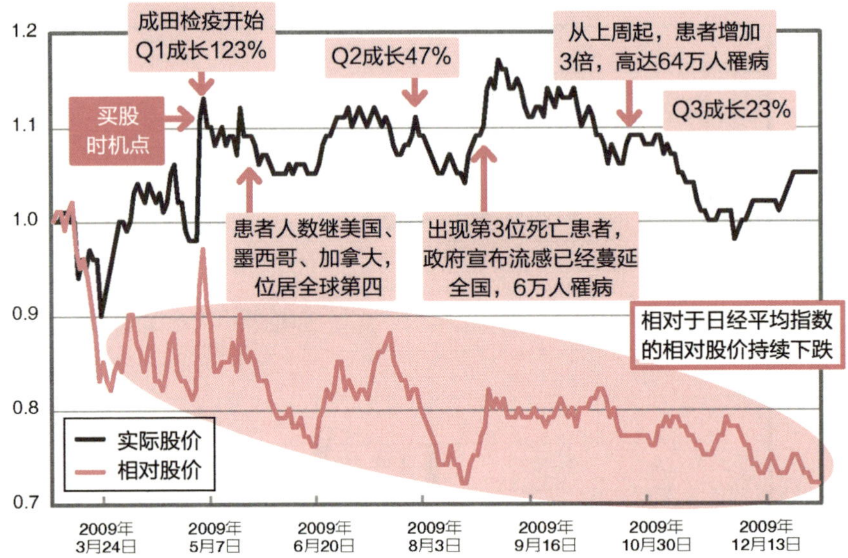

说明：以2009年3月初的股价为1。Q1指第一季度。

措施，并对检查结果出现阳性反应的乘客强制隔离一周。

换句话说，无论是获利或政府施政措施等环境条件，都有利于中外制药。然而，该公司股价却自隔天4月28日开始转升为跌，如图表4-30所示，在这一天，相对于日经平均指数的相对股价瞬间涨到最高点。2009年夏，就在全国死亡人数已增至3人，且原定参加夏季甲子园的高中选手因新型流感不得出赛时，日本厚生劳动省宣布，新型流感已经蔓延全国，医院确诊的病患人数在一周内由6万人增至11万人。这时该公司的股价虽然上涨，却持续不久。

有时明明有话题又有获利，股价依旧不会上涨。

要预测股价的未来走势就是这么困难。本书所推荐的创新高价且获利有展望的标的，胜率固然有六成，但还是有可能会发生“失误”。换句话说，投资必须在了解“失误可能会发生”的前提下进行。

补充说明：在这只股票创新高价时买股却无法获利，原因是新高价出现的位置非常低，从2007年1月史上最高价跌至2008年2月最低价的跌幅中，它的反弹幅度不到四成（获利公式的要求是六成），因此，我们应该控制购买中外制药的冲动。只要遵守买股公式，就能避免损失。

摊平，是最糟糕的选择

摊平的日文汉字写做“难平”，是“铲平困难”之意。假设用1000日元购买的股票（买进1000股）下跌至800日元。既然当初都用1000日元购买股票了，当股价下跌为800日元时，投资者想要增加持股的心情，应该更加强烈吧？于是再以800日元增购1000股，这时账面上的平均价格就变成900日元。

假设股价上涨至930日元，将产生30日元的获利，持股数2000股的话，就等于获利6万日元。另一方面，只用1000日元购买1000股的人，每股仍旧损失70日元，总计损失金额将达7万日元。

如此看来，摊平不是一种可行又很好的点子吗？然而，这当中有很大的陷阱。

摊平后的账面价格接近买价，让人觉得可以等到赚回来的一天。但请别忘了，当持股数从1000股增加至2000股后，你的风险也增加了1倍。

万一股价不如预期跌至700日元，会变得如何呢？增购1000股的人，前面的1000股损失30万日元，后面的1000股损失10万日元，总计将损失40万日元，而没有为了摊平加码买进的人，只会损失30万日元。

摊平最大的问题出在动机。投资人第一次购买股票，是在衡量经济状况及市场、企业动向后做出的决定，但第二次则是为了减少个人损失。问题是，股票市场会配合投资人的想法吗？

第一次用1000日元购买1000股时，是基于价格合理又看好股价上涨，然而事与愿违股价下跌了；既然股价下跌，就代表判断错误，应该修正错误才对。可见期待股价再度上涨，不过是个人的心愿罢了。

此外，会选择摊平的人都有一种心态："股票卖掉之前都不必认赔。"他们认为："就算1000日元买进的股票跌到800日元，只要我不卖，就还没赔到钱。所以我只要努力一点，还是可以避免损失。"会有这种想要挽回损失的心态，是人之常情；然而，一旦产生想要努力（焦虑）的心态，视野就会变得狭小，容易犯错，然后再度造成损失。明明在市场上卖出该股就能得到800日元，投资人不该再执着于这只股票，而应该把资金重新投资在其他股票上。

我把停损幅度设在8%

投资者对于买进的股票跌幅多少就要自动停损一事，不必感到犹豫不决。停损的跌幅可随个人喜好决定，像我个人设定的停损点是亏损8%，其他人可能是7%或10%，你也可以随自己喜好设定停损幅度。

原则上，停损幅度愈大胜率愈高，然而一旦股价下跌产生损失，将因损失金额过大而无法挽回；另一方面，停损幅度愈小，损失金额固然会愈小，但胜率也会愈低。

我举一个比较极端的例子来说明。假设1000日元买进的股票下跌1日元就停损，1日元的跌幅可说是每天都会发生，因此这笔投资有很高的概率必须停损卖出，幸好损失只有1日元。另一方面，假设1000日元的股票要等到下跌90%才停损。首先1000日元不可能下跌九成变成100日元，所以设定这样的幅度根本就等于不设停损点。如果没卖掉股票就不算赔钱的话，这笔投资的胜率等于将近100%。然而，光是股价跌掉一半还不停损卖出的做法，就已经损失了一半资产了。

上面所举的例子虽然太过极端，但光是停损点设在7%或10%，胜率就有很大的不同。很多股票在下跌8%后会再度转跌回升，此时停损点如果设在7%，就会造成损失，但如果设在10%，就能安然度过损失阶段。不过，如果最后股价下跌了20%，前者将在下跌7%时停损，后者则在下跌10%时停损。

卖股公式4：

停损必须在股价从买价下跌8%左右时进行。

务必严格遵守此公式。

8%只适用于股票，不能用于期货与外汇市场

航空用语中，有一个名词叫做Point of No Return（不能回航点），意指一架已起飞的长途航班，飞到某一个距离点后，即使想要返回起飞机场，也会因为燃料不足无法折返。当飞机通过这个地点后，就只能朝目的地机场继续飞行了。

如果股票也有“跌幅在×%范围内多半可以止跌回升，跌幅一超过×%就会真的开始下跌、再也无法回升到原本价格”的规则的话，就只要在股价下跌到×点时再停损就好，问题是股票没有所谓的“不能回航点”，投资者无法利用历史统计数据来设定最适当的停损点。

股价才下跌2%～3%就停损未免太沉不住气，但是等赔超过10%才停损又很需要耐力，所以把停损点设定在7%～10%之间最恰当，至于要定在7%、8%、9%或10%可随个人之意做决定。当股价从买价下跌7%～10%时，若出现“跌破×日来的最低价”的消息，即可卖出股票。

采用本书介绍的投资方法，获利的交易报酬率能超过20%，是停损幅度8%的2.5倍。获利幅度20%和停损幅度8%是很适当的比率。利用我的投资法进行的交易中，10次中约有4次会出现损失，–8%×4（次）=–32%，所以损失是32%。如果这些损失要在6次的获利交易中弥补回来的话，每次只要能获得5%以上的报酬率就足够了。这样的话，相信就连投资新手都能赚钱吧。

还有，采用我所设计的投资法，这个停损幅度仅限于股票交易，商品期货或指数交易必须使用不同的停损幅度，因为停损幅度是根据获利金额及胜率来决定的。

获利重点

◎停损是最重要的投资规则。

◎摊平是最糟糕的投资规则。

附录一　买股公式检核表

我把买股的信号跟情报整理成检核表，大小犹如一张方便携带的便条纸。

用检核表分析个股

本节将列举出前文提过的所有买股条件，并整理成检核表，如何收集检核表需要的情报，我将在下一节说明。

图表5-1是以王将食品服务公司（按：经营日本知名锅贴连锁店“王将饺子”）为例制作检核表，然后按照检核表一一检视各项条件，符合条件的打“○”，不符合条件的打“×”，暂时难以判断的打“△”，以此来判定能否投资该标的。

①股价是否突破近年来高价?

从第217页图表5-2王将食品的月K线图来看，股价是在2009年5月创新高价。我们现在当然知道这只股票后来大涨，但那个时候还没人知道今后会出现怎样的变化。让我们回到当年，再次检视这张股价走势图。

根据图表5-2，该股在1600日元左右（正确来说是在2009年5月29日，以1608日元）创下新高价。之前该股创下1608日元股价时，是在

图表 5-1 **买股公式检核表**

重要程度	项目	注意事项	评估结果
创新高价			
*	①股价是否突破近年来高价?	图表走势	○
*	②确认新高价位置	反弹幅度达六成以上	△
该公司是否真正成长?			
	③过去的获利成长稳健吗?	年成长率7%以上很稳定	○
	④最近1～2年的经常利益成长率	20%以上	△
	⑤最近2～3季的营业额成长率	10%以上	○
*	⑥最近2～3季的获利成长率	20%以上	○(净利低)
*	⑦未来获利能否稳健成长?	从公司说明会影片及资料中做判断	○
	⑧本益比是否过高?	未满60倍	○
市场动向			
*	⑨大盘的上涨力道是否强劲?	创新高价股数的比例	弱

2007年5月，所以这次等于是突破两年来的新高价，这一点符合“创新高价”的定义（参照第二章第一节）；也就是说，检核表上的“股价是否突破数年来高价？”，评估结果是○。

②确认新高价位置

接着来看股价走势图。从图表5-2可知，该股创新高价的方式并不

图表5-2 王将食品的月K线图

理想，因为它的反弹幅度太小了。具体来说，就是该股从2006年的高价2195日元跌至低价1070日元，下跌了1125日元；后来涨到新高价1608日元时，只上涨了538日元。反弹幅度计算如下：

$$反弹幅度 = \frac{538}{1125} = 48\%$$

依照获利公式，反弹幅度应该要达到六成才行（关于此项目，请参照第二章第四节），但该公司股价已恢复大约五成，所以此项目的评估结果为△。

图表5-3 王将食品创新高价时的获利表现

年度	经常利益	季别	营业额	营业净利	经常利益	净利
2002年3月	7%	2008年6月	7%	-3%	2%	7%
2003年3月	7%	2008年9月	10%	21%	24%	33%
2004年3月	2%	2008年12月	11%	23%	25%	18%
2005年3月	16%	2009年3月	14%	22%	19%	12%
2006年3月	8%					
2007年3月	5%					
2008年3月	0%	股价（日元）	1608（2009年5月29日）			
2009年3月	18%	EPS（日元）	166.03（预估）			
平均	8%	本益比（倍）	9.7			

说明：有加网底的格子表示年度经常利益达7%以上、各季营业额达10%以上、获利达20%以上。

③过去的获利稳健成长吗？

图表5-3列出王将食品近年的长期经常利益成长率，以及最近一年的各季营业额及获利成长率。这些数字都可以在公司提供的公司说明会资料中找到，表格制作方式请参照第三章第四节。

长期经常利益成长率的平均值是8%。这一点符合第三章第二节提出的7%以上成长率的条件，所以此项目的评估结果是○。

但是，2007年3月期及2008年3月期连续两年的低成长率不由得让人担心。该公司股价下跌想必是因为这两年获利成长率过低的关系吧。

④最近1～2年的经常利益成长率（20%以上）

我们来看经常利益是否开始急剧成长。如同第三章第三节所述，筛选标准是20%以上。

由于2008年3月期的经常利益成长率是0%，2009年3月期则是18%，理应不及格，但因为最近1年的成长率有将近20%的水准，所以评估结果暂定为△。

⑤最近2～3季的营业额成长率（10%以上）

我们来看获利当中最重要的营业额成长率。依照第三章第三节，营业额的筛选标准是10%，该公司完全达标，因此评估结果是○。

⑥最近2～3季的获利成长率（20%以上）

最近2～3季的获利成长率应该要超过20%。从最近2～3季的获利表现可知营业净利虽符合条件，但最近一季的经常利益只有19%，距离筛选基准不足1%，至于净利成长率就更低了，完全不合乎基准，因此扣了一些分数。

经常利益不满20%固然是个问题，但营业净利都在20%以上。我认为针对此项目的评估结果虽然无法干脆地打上○，但也还不到打△的程度，所以我才在检核表打了○，但是又加上注解。

此外，从该公司最近的简明财务报表可知，2010年3月期的预估经常利益成长了7.5%（图表中无此数字），虽然未达到20%，但因为预估数字通常比较保守，所以不必太在意。

这里所举的成长率数字本来是基本面分析的关键数据，但公司网页上并没有这些资料。你只要比别人多做一点，就能领先其他人一步。

⑦未来获利能否稳健成长？

王将食品的获利为什么会开始急速成长，今后能否维持相同的成长率，是检核表项目中需要独自思考的问题。关于这一点，请参照第三章第五节的内容。

其实不光是投资者公司经营团队最在意的也是这个问题。针对投资者举办的公司说明会，通常也会花最多时间来说明这个问题。

图表5-4是根据公司网页所发布的资料制作的。由图表可知，既有店面营业额早在创新高价的半年多之前，营业收入与去年同期比就成长10%以上了。以零售业而言，成长10%非常惊人。由此可推断出“光靠公司的努力，既有店面不可能创造出这么高的成长率，这应该是受到社会结构性变化的影响”。

王将食品的网页上虽然没有说明会影片的链接，但提供了法说会的资料。根据这份资料可知，价格低廉、分量大、品质又好的中华料理，在不景气中获利反而逆势成长。

“中华料理必须在店里做最后阶段的料理（例如把煎饺皮煎得酥脆），不是中央厨房做成调理包后到现场再加温处理的速食可以比拟的。”这是我去该公司拜访时，对方所强调的竞争优势。王将饺子每家店面的菜单都略有不同，纯手工制作的感觉颇获顾客好评。

由此可知，顾客的外食需求转向低价但高品质，乃是时代潮流，而

图表 5-4 **王将食品营业额成长率**

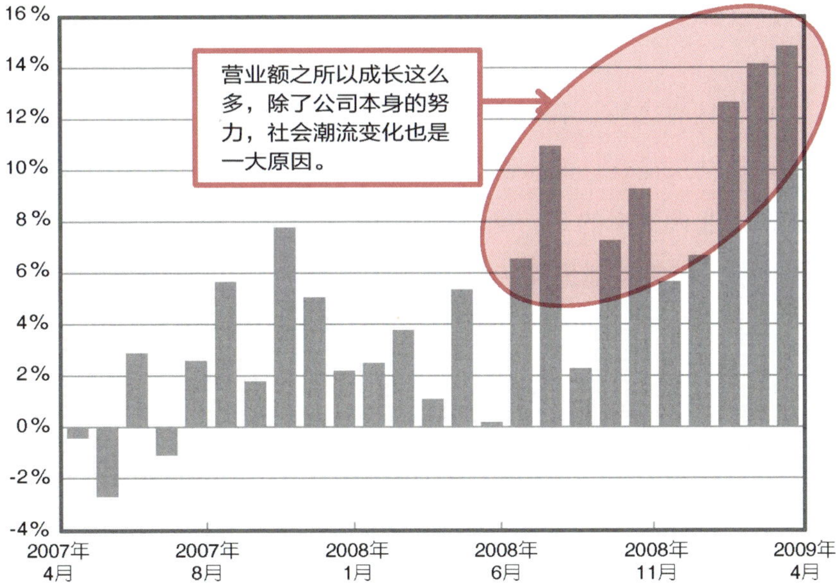

且今后仍会延续此种倾向。所以此项目的评估结果是○。

⑧本益比是否过高?

基本面条件再好的股票，若是早就被一堆投资者看上的话，将失去投资乐趣，所以我们必须确认看上的标的是否已经受到太多瞩目。

根据2009年5月公告的2008年度简明财务报表，本期（2009年3月期）的预估EPS是166.03日元（见图表5-3）。创新高价当日的股价是1608日元，以此计算出本益比是9.7倍。除了股价走势之外，从本益比也能得知该公司还没有受到太多投资者的关注（请参照第三章第七节），因此此项目评估结果是○。

对检核表做出整体评估

完成检核表之后，我们来看该公司的整体状况：八个项目中有两个项目的评估结果是△，其余都是○。△说明了该公司为什么依旧是“投资人未知的非人气标的”；反过来说，也可以解释成这只股票一旦受到投资人注意，就有可能大涨。

接着我要说明如何利用检核表做出最后判断。如果你利用检核表分析其他公司的经验够多，就会发现王将食品的评估结果，得到的○已经算是很多的了。即使大部分创新高价股的各项评估结果多半是○，但没有一只股票的评估结果会100%都是○，所以“综合性判断”非常重要。即使某个项目“差了点”，但只要其他项目足以弥补，则该公司股票还是可以购买。

“既然综合性判断需要经验，那应该不容易吧？”你或许会因此犹豫不决，但其实没那么难。就像前面我一再强调的，真正的好股票自会发出耀眼光芒，让你一眼就能发现。如果做完检核表后决定购买，就代表投资者感受到它的魅力。

检核表上的重要项目我都标上了“*”记号，请以这些项目为中心进行评估。

⑨大盘的上涨力道是否强劲？

前面的检查项目都是针对“某只个股该不该买”，接下来要确认的是该个股的所处环境。也就是判断大盘的上涨力。市场上涨力道强，购股数量就会增加，市场上涨力道弱，购股数量就会减少。

我们回到王将食品创新高价的2009年5月29日，来看当时的市场情况。当天的日经平均指数收盘价是9522点，自3月10日的7054日元以来，上涨了35%。市场行情从谷底反弹一事已不容置疑，至于市场今后还会上涨多少，可参考创新高价股的数量比例来判断，此部分的详细介绍请见第二章第六节。

近期日本的创新高价股数量比的变化，可参考图表2-28。此图表的时间轴较长，可能不易理解，但可以看到2009年5月时的创新高价股数量比并不高，由此可知，市场的上升行情可能不会持续太久。因此，检核表上的“市场动向”评估结果是“弱”，股数最好不要占个人资产太大的比例。

“后来王将食品的股价不是上涨了80%吗？投资人应该更积极地买进才对吧？”或许有人是这么想的，但这也只是事后诸葛罢了。

日经平均指数在2009年8月之前大约上涨了10%，接着却转升为跌，一直低迷到11月为止。王将食品的走势很可能和日经平均指数一样。事实上，很多股票都在这期间转升为跌。在这种情况下，行情变化通常趋向保守，所以我才建议小量购买。

影响投报率的两大关键

我写这本书的出发点是：“只要代入公式，任何人都可能轻松获得相同的投资绩效。”不过能力较强的人，确实可以再进一步提高投资绩效。

同样使用获利公式、投资绩效却产生差异，主要取决于以下两点：

⑦未来获利能否稳健成长？

⑨大盘的上涨力道是否强劲？

请你在做判断时以未来的获利成长为优先考量。因为这点预测得准，在投资绩效上很快就高下立判。

想要进阶的人，我会建议针对上升行情的上涨力道做深入分析。针对这一点，要考量的因素很多，困难度也比较高，但相对地也会提高胜率。因为市场动向对投资胜率有极大的影响。

这张检核表就是买股公式的总整理。如果你看到检核表上的项目就知道自己该做些什么，代表你已经完全了解本书所介绍的买股公式。只要再多练习分析，一定可以练成自然反应。

获利重点

◎世上没有评估结果全是○的完美标的，因此综合判断非常重要，对于未来获利能否稳健成长、日经平均指数的上涨力道够不够强的判断尤其重要。

附录二　买股情报，去哪里找？

本节将针对买股公式检核表，说明所需情报要去哪里找。

我先介绍基本工具，只有以下两项：

> 所需工具
> - 网络情报（全都可以免费获得）
> - 《公司四季报 · CD-ROM版》（使用在下面的③和④分析上）
>
> （按：中国台湾的《公司四季报》没有CD-ROM版，只有纸本。）

图表5-5是依照上一节的检核表顺序，列出各项情报要从哪里取得。以下将针对图表5-5详细说明。

另外，为方便各位读者参考，我也制作了图表5-6（见第227页），说明各情报来源的使用方式。比较过后就知道图表5-5和图表5-6的内容完全相同，只是检核表的顺序和情报来源的顺序不同而已。请使用对你有帮助的图表。本节将依照图表5-5，说明如何利用各类情报来源的资信。

①股价是否突破近年来高价？

> 情报来源：Ken Millennium股票情报网
> 创新高价股（http://www.miller.co.jp/）
>
> 检索方式：首页 点选“显示所有数据”
> 检视“年初以来创新高价”

图表 5-5 **可从何处获得情报呢?**

	项目	主要的情报来源
创新高价		
	①股价是否突破近年来高价?	Ken Millennium股票情报网,创新高价股
	②确认新高价位置	MSN的股价走势图
该公司是否真正成长?		
	③过去的获利稳健成长吗?	《公司四季报》《股市总览》、上市公司简明财报等
	④最近1~2年的经常利益成长率	《公司四季报》《股市总览》、上市公司简明财报等
	⑤最近2~3季的营业额成长率(与去年同期相比)	上市公司官网
	⑥最近2~3季的获利成长率(与去年同期比)	上市公司官网
	⑦未来获利能否稳健成长?	上市公司官网、公司说明会的影片、资料
	⑧本益比是否过高?	从“日经及时公告快报”取得预估EPS,或是从简明财务报表里看财测的“每股盈余预测值”
市场动向		
	⑨大盘的上涨力道是否强劲?	Ken Millennium股票情报网,创新高价股

图表5-6 如何利用各项情报？

情报名称	可做之事
MSN金融（奇摩股市）	从月K线图判断股价走势是否为创新高价股
	企业过去10年来的经常利益
Ken Millennium股票情报网	从过去15个月来的创新高价股，寻找候选的投资对象。从每日更新的创新高价股数，分析市场上涨力道的强弱
上市公司简明财报	从各大企业的简明财务报表，确认最近获利情形
	利用简明财务报表及获利修正通知的预估EPS，来计算本益比
各上市公司的官网	由法说会影片及说明会资料，来确认今后的成长
	取得长期获利数据及最近的获利数据
公司说明会影片	由法说会影片来确认今后的成长
公司四季报CD-ROM版	从10年来的获利数据，确认公司获利

选股的候选标的，都是突破近年来高价（过去两年多来的最高价）的股票，但没有一个网页提供这方面的资讯，提供最接近资讯的只有“Ken Millennium股票情报网”。这个网页显示的虽是“年初以来创新高价”，但其实记录的是创下过去15个月以来最高价的标的，而且每天都会更新。

因为它的计算期比我所定义的两年还要短，所以还是得一一检视每只股票的股价走势图来确认，但这已是最有效率的方式了。

运用这个网页时，请参照股价走势图，确认走势是否符合前面所学的定义。以我的经验来说，大多数的股价走势都不够标准，一半以上的标的都不符合定义；定义请参考第二章第四节的内容。

②确认新高价位置

情报来源：MSN的股价走势图（http://money.jp.msn.com/）

检索方式：MSN JAPAN ⇒ 金融 ⇒ 股票 ⇒ 输入标的代码 ⇒ 股价走势图

我会分别介绍月K线图及周K线图的网页。你可以参考任何一个与股票有关的网页，但如果你是新手，或是没有固定使用的网页，我要建议你使用MSN股市网。如果你已经有惯用的网页，就用你熟悉的网页来确认股价走势图。

首先请看5年以上的月K线图。我会推荐MSN，是因为它不只提供了5年的股价走势图，还提供了10年、甚至更久的股价走势图，并记录了每个月的开盘价、最高价、最低价及收盘价，而且我觉得MSN的股价走势图的呈现方式比其他网页更一目了然。

至于周K线图，则以乐天提供的 Infoseek 周K线图最清楚（你也可以使用个人惯用的股价走势图）。只要设定周K线图120周，网页就会立刻提供该股两年多来的股价走势图。

此外，日本雅虎虽也提供两年的周K线图，但上面没有各周的K线四个价位及成交量数据。大多数网页只提供一年的周K线图，这样是不够的。创新高价股的定义是“突破过去两年以上的新高价”，所以一年的股价走势图太短了。

此外，Infoseek 网页还提供投资组合服务，可登录的标的数比其他网页还多，非常方便。你可以事先登录股价极接近创新高价的标的，然后每天确认股价走势图。不过，如果没有加入乐天会员，就无法使用Infoseek，这是唯一的缺点，因此我没有写出它的网址。加入乐天会员是免费的。

③过去的获利稳健成长吗?

情报来源：《公司四季报・CD-ROM版》
《公司四季报》或《日经公司情报》（纸本版）
MSN金融的经常利益检索
上市企业官网

要调查公司的长期获利成长，《公司四季报・CD-ROM版》是最好的选择，因为里面收录了每家公司十年来的获利变化。相较之下，《公司四季报》和《日经公司情报》只记录五年内的获利变化。

如果想要收集免费情报，可参考MSN金融的十年经常利益（相似资信），检索方式如下：

检索方式：“MSN金融”首页 ⇒ 股票 ⇒ 股价检索（输入股票代码）⇒ 企业情报 ⇒ 财务报表 ⇒ 十年概况
台股检索方式：公开资信观测站 ⇒ 财务报表 ⇒ 采IFRSs前 ⇒ 简明报表 ⇒ 历史资料（只能查到2001年以后的资料）⇒ 税前纯益

另外，这个网页是根据美国会计法制作的，因此要以“息前税前盈余”或“税前纯益”取代“经常利益”。息前税前盈余与经常利益大致相同，可拿来替代使用。

你还可以参考各上市企业的官网，但要注意每家企业提供的获利记录期间都不相同，例如日产汽车的官网提供了1998年度以来的获利，而小松制作所却只提供过去五年内的获利，有些企业甚至只提供过去三年的获利。公司官网的检索方式，请参考⑤⑥的情报来源2。

④最近1～2年的经常利益成长率

最近1～2年的获利成长率已包含在过去5～10年的获利成长率里，所以这一点可从调查的情报内容中获知。

⑤最近2～3季的营业额成长率（与去年同期相比）

⑥最近2～3季的获利成长率（与去年同期相比）

情报来源1：日本经济新闻WEB版（http://www.nikkei.com/）
检索方式：1. 依照“日经 ⇒ 金融 ⇒ 及时公告快报”的顺序检索
2. 输入查询企业的代码，指定检索期间为“过去1年内”
3. 网页将列出过去1年内所有公司的公告情报，请检阅标题是×年度×季决算的情报
检索方式：首页→重大信息与公告→即时重大信息、当日重大信息（为一览表的呈现方式，“历史重大信息”能以股票代码检索）

“及时公告快报”听起来就像官僚会取的名称般不知所云，但内容其实就是“来自公司的投资人关系消息”。针对个股过去一年来的情报，与其一一点选各公司网页，不如连上日经网页来得方便，又可省下不少时间。

由于日经网页可以直接链接证交所网页，通常在企业公告消息的瞬间就会将消息刊登到网页上了，不过有些企业更新自家网页的速度很慢。速度快的企业，可能隔天就更新，但速度慢的企业，等上好几个月都还不更新。

一般而言，公司通常都在下午三点过后发布消息，所以下午五点之前多数公司的当天公告都会发布完毕（紧急公告则不在此限）。投资人如果每天都要收集情报，只需在晚上查看日经的及时公告快报网页，就能取得当天公布的所有情报。

企业公告的情报量，在公布财报的尖峰期，一天可能有超过3000条新闻，少的时候也至少有200条新闻。我每天都会看这些新闻。你可能会觉得一次看3000条新闻很辛苦，但需要关注的只有创新高价的企业

和股价接近新高价的企业，这样的对象并不多，所以其实花不了多少时间。

另外，如果不需看当日即时公告、而是想查个股的历史公告时，可在“重大信息与公告”中的“公告查询”，输入股票代号检索。

> 情报来源2：各上市企业的官网
> 检索方式：企业官网首页 ⇒ 投资人情报 ⇒ IR资料室 ⇒ 简明财务报表资料夹（检阅标题是×年度×季的简明财报）

从企业网页进入“投资人关系”（IR）页面，有些企业的投资人关系情报会放在“公司情报”页面里，有些企业的相关记载则只有一点点。

投资人情报中会有“IR资料室”“IR图书室”“IR资料库”“财务情报”或“决算情报”等链接名称，你只要点击链接，即可打开名为“×年度第×季简明财务报表”的PDF档案（另外，旧资料的档案名称可能会与现今不同，例如2007年以前的第一季度财报，会以“第一季财务及获利概况”的档名存档）。

⑦未来获利能否稳健成长?

> 情报来源：各上市企业的官网、法说会影片资料、公司说明会资料
> 检索方式：请参考⑤⑥的情报来源2。

就企业来说，最希望投资人阅读的IR资料，就是法说会影片了，因

此影片网络链接几乎都会直接放在IR首页上，当然也有企业是放在“IR图书室”或“IR资料室”，名称不一，投资人必须花点时间寻找。

以多数网友必看的网站雅虎为例，日本雅虎的股市网页上虽然也有关键字“投资人情报”，但感觉像是偷偷放在网页最下面。这是没办法的事，毕竟YAHOO的使用者中，会看投资人情报的人不到1%。

因此，最好的办法就是在企业名称之后加上IR来搜寻。以雅虎这家公司为例，只要在Google上输入“雅虎 IR”或“雅虎 投资人情报”，马上就会出现正确的链接。

以日本雅虎来说，点选投资人情报后，可看到IR资料库，里面的法说会资料就有影片资料的链接。只要法说会有录影，就会附上说明会资料，方便投资人参照资料看影片。没有影片时，最好的参考资料就是法说会资料了，一般企业官网会收在“IR图书室”或“IR资料室”里。

⑧本益比是否过高？

计算本益比需要EPS，EPS可用以下方式寻找：

情报来源：日本经济新闻WEB版

检索方式：1.依照“日经金融 ⇒ 及时公告快报”的顺序检索

2.输入查询企业的代码，指定检索期间为“过去一年内”

3.网页将列出过去一年内所有公司的公告情报，请检阅标题是“×年度×季决算”或“全期获利预测修正相关通知”的情报。其中会使用到当年的预估EPS“每股盈余”，且使用的是最近的数字

实际例子请参考第三章第七节。

《公司四季报》上虽然也有EPS，但创新高价股会不时向上修正获利，所以《公司四季报》里的数字很可能不是最新数据，还是从日经网页撷取最新情报最方便。企业网页也会每天更新IR情报，从这里也可以获得相同的信息。

⑨大盘的上涨力道是否强劲？

情报来源：Ken Millennium 股票情报网
创新高价股（http://www.miller.co.jp/）
检索方式：首页 股票排列顺序
检视年初以来的高价（Ken Millennium）

这里所使用的评估基准是创新高价股数，所以可参考介绍的“Ken Millennium股票情报网”网站。创新高价的定义如说明的内容。创新高价股数愈多，大盘上涨力道愈强。

附录 三 卖股情报，去哪里找？

卖股的理由有三："公司是否出现坏消息？""股价攀至高点的可能性高吗？"及"股价是否跌破停损点？"（见图表5–7）。我们来看各个理由的情报来源。

一、出现坏消息

坏消息可分为"获利恶化"与"发生丑闻或事故等伤害公司信用"两种。

①获利恶化的消息

获利的消息主要来自公司各季发表的财报。

情报来源：日本经济新闻WEB版

检索方式：1.依照"日经 ⇒ 金融 ⇒ 及时公告快报"的顺序检索

2.输入查询企业的代码，指定检索期间为"过去一年内"

3.网页将列出过去一年内所有公司的公告情报，请检阅标题是×年度×季决算的情报

4.获利预测需要向下修正时，会适时发表"获利预测修正相关通知"

台股情报来源：公开资信观测站

检索方式：首页 ⇒ 财务报表 ⇒ 采IFRSs前 ⇒ 简明报表 ⇒ 历史资料（只能查到2001年以后的资料）⇒ 税前纯益

图表 5-7 决定卖股的三大理由

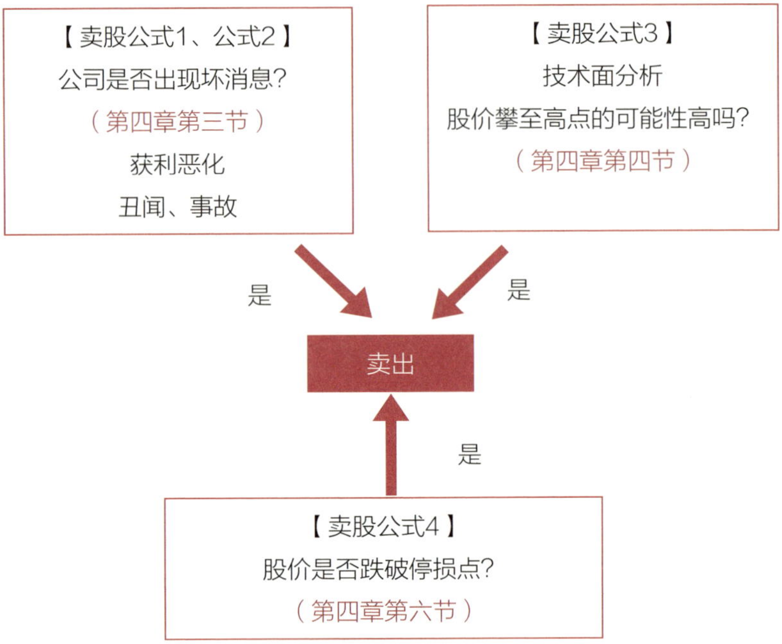

公司每三个月就会发表获利季报。请确认经常利益是否比去年增加20%以上。计算方式请参考第三章第四节。

修正财务预测的公告，多半在发表各季获利时一并发表，当然偶尔也有单独发布的时候。因此，针对本身持有的股票，应该要每天确认该公司的获利状况，一旦发现获利向下修正，就要立即卖出股票。另外，有时公司的获利修正是向上修正，这并不是卖股信号。

除了日经网页之外，也可以参考各家公司官网。详细内容请参考前一节说明过的最近2～3季的与去年同期比成长率（营业额）及最近2～3季的与去年同期比成长率（获利）。

②损及公司信用的消息

公司发生事故或丑闻时，报纸、电视及网络媒体都会群起挞伐。所以我建议平时就要养成收看经济新闻报道或网络新闻的习惯。关于这部分并没有所谓较适宜的情报来源，只要平时保持对经济新闻的关注即可。

二、经由技术面分析得到卖股信号时

卖压比例可根据股价及成交量来计算卖股价格。

①查询当天的股价情报

只要是提供股价情报的网站都可以参考，这里以日本的雅虎金融（YAHOO Finance）为例来说明。打开雅虎金融的网站后，会看到“股票检索”的链接，在这里输入股票代码，就会出现当天K线的四个价位及成交量。

②查询每天的时间序列股价情报

这里也以雅虎金融为例来说明。打开雅虎金融的网页后，会看到“股票检索”的空位，输入股票代码、点选“时间序列”的链接，就会出现过去20天的时间序列数据。检索顺序如下：

雅虎金融首页　股票检索　时间序列

如果只是要计算卖压比例，过去20天的数据便已足够，但如果想看更长期间的数据，可点选“看更多时间序列数据”。

中国台湾股票请看奇摩股市，输入股票代号后选择“利使股价K线图”查询“日线”，可以看到一季的数据。

三、决定停损时

这里所能得到的情报，只有无时无刻不在变化的股价情报。

停损价格是从买股价格下跌7%～8%的价格。如果股票是以1000日元的价格买进的话，920～930日元就是停损点。请先决定个人的停损幅度。

本书建议的停损幅度是8%。股价一旦跌到这个幅度就要立即停损，所以万一股价开始下跌，就必须随时注意股价的变化。你可以不时查看证券公司的网页，关注股价变化，或是事先预约好停损单（只要股价跌至某个价格，立刻交易）。

图表5-8

买股公式检核表

重要程度	项目	注意事项	评估结果
创新高价			
*	①股价是否突破近年来高价？	图表走势	
*	②确认新高价位置	反弹幅度达六成以上	
该公司是否真正成长？			
	③过去的获利稳健成长吗？	年成长率7%以上很稳定	
	④最近1~2年的经常利益成长率	20%以上	
	⑤最近2~3季的营业额成长率	10%以上	
*	⑥最近2~3季的获利成长率	20%以上	
*	⑦未来获利能否稳健成长？	从公司说明会影片及资料中做判断	
	⑧本益比是否过高？	未满60倍	
市场动向			
*	⑨大盘的上涨力道是否强劲？	创新高价股数的比例	

卖股信号检核表

公司是否出现坏消息？	获利恶化 丑闻、事故	
技术面分析	股价攀至高点的可能性高吗？	
股价是否跌破停损点？	跌幅超过8%就要立刻停损	

说明：评估结果符合条件的打“○”，不符合条件的打“×”，暂时难以判断、需进一步观察的打“△”。

请自行影印使用。